ANGELINE BAUER

So finde ich mein Glück

MÄRCHEN
ZUM GELINGEN
DES LEBENS

GÜTERSLOHER VERLAGSHAUS

Die Deutsche Bibliothek – CIP-Einheitsaufnahme

Bauer, Angeline:
So finde ich mein Glück / Angeline Bauer. –
Gütersloh: Gütersloher Verl.-Haus, 2002
(Märchen zum Gelingen des Lebens)
ISBN 3-579-02381-2

ISBN 3-579-02381-2
© Gütersloher Verlagshaus GmbH, Gütersloh 2002

Umschlaggestaltung: Init GmbH, Bielefeld,
unter Verwendung eines Fotos von Imagebank / Fernando Bueno
Satz: Weserdruckerei Rolf Oesselmann GmbH, Stolzenau
Druck und Bindung: Těšínská Tiskárna AG, Český Těšín

Gedruckt auf chlorfrei gebleichtem Werkdruckpapier
Printed in Czech Republic

Besuchen Sie uns im Internet: http://www.gtvh.de

Inhalt

EINFÜHRUNG

Willst du immer weiter schweifen?
Sieh, das Gute liegt so nah.
Lerne nur das Glück ergreifen,
Denn das Glück ist immer da.

Johann Wolfgang von Goethe

Glück –
was ist das?

Fragt man einen erfolgsorientierten Mitteleuropäer was er unter Glück versteht, wird die Antwort ganz anders ausfallen, als die eines australischen Buschmannes oder eines hinduistischen Mahanten (heiliger Lehrer). Die Definition von Glück orientiert sich immer auch an der Gesellschaft. Es hätte wohl wenig Sinn, einem deutschen Manager oder einem englischen Börsenmakler einzureden, dass glücklich nur der sein kann, der sich allen weltlichen Zwängen entzieht. Sofern er nicht ohnehin schon beschlossen hat, sich von seinem bisherigen Leben abzuwenden und in ein Kloster zu gehen, würde er über solche Ratschläge wohl höchstens den Kopf schütteln.

Um einen passenden Modus für sein Glück zu finden, ist es darum zweckvoller, nach Wegen zu suchen, das Äußere (Gesellschaft, soziale Anforderungen) und das Innere (Persönlichkeit, Wünsche, Begabung) in seinem Leben aufeinander abstimmen zu können.

Was ist also Glück, hier bei uns, in unserer Gesellschaft?

Der Umfrage einer populären deutschen Zeitschrift zufolge wird Glück von den meisten Menschen mit Erfolg gleichgesetzt. Auch Glück und Geld, Glück und Liebe, Glück und Gesundheit werden oft in einem Atemzug genannt. Nicht mehr ganz so oft wird Glück mit Kindern in Verbindung gebracht, danach folgen ganz persönliche Wünsche und Hoffnungen, z. B. eine bestimmte Reise, jemanden wiedersehen oder Ähnliches.

Um der Sache etwas tiefer auf den Grund zu kommen, habe ich eine eigene kleine Umfrage gestartet, und zwar im Bekannten- und Familienkreis. Hier die Antworten:

- »Glück ist für mich, einen Mann zu haben, mit dem ich mich verstehe, und eine gute Freundin dazu. Schon einen von beiden zu finden ist ja ein Glück, erst recht beide! Kinder sind natürlich auch etwas Wunderbares. Aber Kindern gibt man, und man hat nicht das Recht, von ihnen etwas zurückzuerwarten. Und sie verlassen einen. Der Partner und die Freundin bleiben. Das heißt, vielleicht bleiben sie ... wenn man Glück hat.«

- »Glück ist Zufriedenheit. Denn wer zufrieden ist, ist immer auch glücklich.«

- »Glück ist, etwas zu finden ohne gesucht zu haben oder etwas zu suchen und es auch wirklich zu finden. Und Glück ist, wenn jemand etwas Besonderes von einem liebt, das man selbst noch gar nicht kannte.«

- »Ich bin schrecklich neugierig. Darum bin ich glücklich, wenn ich etwas erleben kann. Zum Beispiel eine schöne Reise. Aber am glücklichsten bin ich, wenn ich danach wieder gesund nach Hause komme. Also muss Glück doch etwas mit Heimat zu tun haben.«

- »Pfingsten war ich in Oberau, das ist ein Dorf im Allgäu. Dort ist es noch Brauch, das Pfingstfest gemeinsam zu begehen. Das ganze Dorf trifft sich um vier Uhr nachts, um Kerzen anzuzünden und gemeinsam um die Gaben des Heiligen Geistes zu bitten. Diese Verbundenheit mit der Natur, mit Gott, mit allen Menschen zu spüren, diese Einheit, das gemeinsame Erleben von Ehrfurcht, Demut und Hingabe, das gibt mir ein ganz tiefes Glücksgefühl.«

- »Ein ganz tiefes Glücksgefühl habe ich einmal empfunden, als ich am Atlantik auf einem Felsen saß und die untergehende Sonne beobachtete. Weit und breit war kein Mensch da außer mir. Was ich da empfand, war wie eine Erleuchtung. In diesem Moment habe ich begriffen, wie nichtig ich bin und wie wichtig zugleich, was Liebe ist, was Gott ist ... einfach alles. Dieses Glücksgefühl hat noch lange angehalten. Ich werde das nie vergessen.«

- »Das größte Glücksgefühl empfand ich einmal bei einer Selbsterfahrungsübung im warmen Wasser. Ich lag auf dem Rücken, hatte die Augen geschlossen, wurde an Kopf, Füßen und Händen gehalten und sanft hin und her bewegt. Nach und nach konnte ich mich ganz loslassen. Irgendwann gab es nichts mehr, nur noch mich. Die Welt war vollkommen entrückt. Keine Anforderungen, keine Sorgen, eben einfach nichts. Das war das pure Glück. Ich glaube, so ähnlich fühlt sich ein Fötus im Mutterleib.«

Die Antworten von Kindern:

- »Ganz glücklich bin ich beim Fußballspielen, weil dann alle zusammenhalten, und dann merke ich, dass wir Freunde sind.«
- »Glücklich bin ich, wenn ich mit meiner besten Freundin spiele. Dann vergessen wir alles andere, und alles ist so, wie wir es wollen.«
- »Glücklich bin ich, wenn ich mit der Ballettschule auftreten darf, weil mir dann alle beim Tanzen zuschauen.«
- »Ich mag Pferde ganz arg gern. Darum ist es am schönsten beim Reiten – dann bin ich ganz glücklich.«
- »Ich bin glücklich, wenn ich einen guten Tag in der Schule hatte, Menschen nett zu mir sind und ich gute Freunde wiedertreffe, die ich schon lange nicht mehr gesehen habe.«

Letztes Kind, meine Nichte Anna, bringt Glück ganz klar mit Freude in Zusammenhang. So auch eine 80-jährige Nachbarin, die in ihrem Leben viel Schlimmes durchmachen musste. Sie sagte schlicht: »Glücklich bin ich, wenn ich mich über etwas freuen kann.«
Auch die Wissenschaft hat Antworten auf die Frage nach dem Glück parat. Bittet man einen Physiologen zu erklären, wie Glücksgefühle im Körper entstehen, wird er sich vermutlich so oder so ähnlich äußern: »Unser Gehirn stößt bestimmte Stoffe aus – wir könnten sie auch körpereigene Drogen nennen – die an Nervenzellen andocken und sich dann über einen langen Weg ins Bewusstsein vorarbeiten.«
Hier einige der wichtigsten Stoffe die glücklich machen und was sie bewirken:

Adrenalin und Noradrenalin – das sind sogenannte Stresshormone, die körperlich und psychisch aktivieren.

Dopamin – diesen Stoff benötigen wir vor allem für die Bewegungssteuerung, er beflügelt aber auch die Fantasie und weckt so die Kreativität.

Endorphine – sie stillen Schmerzen und treiben das Stimmungsbarometer nach oben. Im molekularen Aufbau ähneln sie dem Morphium.

Oxytocin – löst die Geburtswehen und den Milchfluss aus und steigert die sexuelle Lust.

Östrogen, Gestagen – das sind weibliche Sexualhormone, und Testosteron – das sind männliche Sexualhormone. Sie bewirken u. a. die Bildung der Brust oder des Bartwuchses.

Serotonin – dieser Stoff wirkt an vielen verschiedenen Stellen im Gehirn, steuert den Schlaf-Wach-Rhythmus und sorgt für Ausgeglichenheit und innere Ruhe. Im Volksmund wird das Serotonin auch »Glückshormon« genannt.

Tryptophan – diesen Eiweißbaustein, aus dem der Körper Serotonin bildet, nehmen wir über die Nahrung auf.

Vasopressin – (auch ADH genannt) – erhöht den Blutdruck und reguliert die Flüssigkeitsausscheidung des Körpers.

Über die
Unzufriedenheit

Jeder will glücklich sein. Aber fragt man Leute: »Bist du glücklich?« bekommt man allzu oft Klagen zu hören. Dabei geht es meist um Stress am Arbeitsplatz, um Geldsorgen, um Krankheit in der Familie oder darum, dass keine Zeit mehr für sich selbst bleibt. Und auch dann, wenn alles »irgendwie« stimmt, könnte es doch immer noch ein bisschen besser sein!

Unzufriedenheit hat sich zu einer Art »elementaren Grundgefühls« unserer Gesellschaft entwickelt, das uns antreibt, immer mehr zu wollen, zu leisten und zu verbrauchen. Natürlich weiß man, dass auch dieses – wie alles im Leben – zwei Seiten hat. Einerseits ist Unzufriedenheit der Motor, der das Wirtschaftswachstum ankurbelt und sowohl in Technik und Forschung als auch im privaten Bereich Neues entstehen lässt. Andererseits verursacht Unzufriedenheit aber auch eine ganze Menge Verbitterung, denn nichts lässt Glück so sehr scheitern wie ein unzufriedenes, freudloses Herz.

Dass so viele Menschen in unserer Gesellschaft »das Glück verloren haben«, hat vor allem einen Grund – die äußeren Dinge, also materieller Wohlstand und Karriere, sind uns wichtiger geworden als die inneren, wie Persönlichkeit, Liebe, Freundschaft und Vertrauen.

Um diese äußeren Dinge zu erreichen, hat man uns oft schon von klein an darauf getrimmt, mit Ellenbogen zu kämpfen, Macht anzustreben und notfalls sogar »über Leichen zu gehen«; oder man hat es versäumt und uns damit dem Frust ausgesetzt, in unserer leistungsorientierten Gesellschaft immer nur die mittleren und hinteren Plätze einzunehmen.

Ein anderer Grund zum Unglücklichsein kann das Fehlen eines Zieles sein. Wer keinen Plan hat, kann ihn auch nicht verwirklichen. Er wird auf der Suche nach »seiner Insel« vielleicht ewig »auf dem großen Meer umherfahren«, ohne sie je zu finden, obwohl er schon etliche Male an ihr vorbeigekommen ist. Zwar lässt sich das Leben nicht fest verplanen und das Schicksal nicht in die Knie zwingen, aber ohne Ziel wird der Weg allzu leicht zum Irrweg.

Doch auch die Zielsetzung birgt wiederum Gefahren in sich. So manch einer lässt sich, mehr als ihm bewusst ist, von den Medien beeinflussen. Filme, Zeitschriften, Werbung und das aufgebauschte Leben von Prominenten bestimmen unsere Wünsche und Wertvorstellungen, und so setzen wir uns oftmals völlig unrealistische Ziele, die nie erreicht werden können und leben in einer Traumwelt, die kaum noch etwas mit der Realität gemein hat.

So hat sich eine junge Frau aus meinem Bekanntenkreis zu Tode gehungert, weil sie als klassische Tänzerin scheiterte und den Grund dafür nicht in den Grenzen ihrer Begabung suchte, was das wirkliche Problem war, sondern in eingebildeten Figurproblemen. Hätte sie die Grenzen ihrer Begabung vor sich zugegeben, hätte sie von ihrem Traum *zu tanzen wie die berühmte Marcia Heydée* Abschied nehmen müssen. Solange sie aber »überflüssigen Pfunden« dafür die Schuld gab, konnte sie an ihrem Ziel festhalten; sie musste ja nur so lange hungern, bis sie endlich schlank genug sein würde, um ein Soloengagement an einem großen Opernhaus zu bekommen.

Gerade dieses absurde Beispiel – absurd, denn schließlich kann eine junge Frau von 1,67 Metern Größe mit anfangs 58 Kilo, später 50, 45 und schließlich nur noch 39 Kilo nicht zu dick sein – zeigt, wie weit Illusion und Wirklichkeit auseinander klaffen können, und wie wenig solch eine Traumwelt noch mit logischer Wahrnehmung zu tun hat.

Diese junge Frau war mit allem ausgestattet, was Grund und Boden für ein glückliches Leben sein könnte: Sie war gesund und schön, ihre Eltern waren begütert, sie hatte Fantasie, war intelligent und gebildet und sehr musikalisch. Sie hatte das Zeug, Choreographin, Musiklehrerin, Stepp- oder Musicaltänzerin zu werden, aber für das klassische Fach an einem großen Opernhaus reichte es einfach nicht aus.

Wenn das eigene Vermögen und das gesetzte Ziel zu weit auseinander klaffen ist das Scheitern vorprogrammiert. Ängste, Dauerstress und Depressionen sind die Folge. Voraussetzung für das Finden des Glücks sind darum neben der Besinnung auf innere Werte auch das klare Definieren von Zielen und die Anpassung dieser Ziele an die eigenen Fähigkeiten und die eigene Persönlichkeit.

Kinder und Jugendliche
und das Thema Glück

Dies alles gilt ebenso für Kinder und Jugendliche. Gerade sie sind ja
sehr leicht zu beeinflussen, denn sie sind noch auf der Suche nach ihrer
Persönlichkeit und einem Lebensziel.

Kinder lernen durch »abgucken«. Wie sehr, zeigt ein Experiment, das
vor vielen Jahren von amerikanischen Verhaltensforschern durchgeführt
wurde.

Die Forscher wollten herausfinden, inwieweit Kinder durch das bei-
spielhafte Verhalten Erwachsener zu beeinflussen sind. Man teilte die
Kinder im Alter von zehn bis elf Jahren in zwei Gruppen und ließ sie an
einem Wettkampfspiel teilnehmen, bei dem es Gutscheine zu gewin-
nen gab, die dann später in einem Spielzeugladen eingelöst werden
konnten. Die eine Gruppe konnte nach dem Spiel beobachten, wie ein
Erwachsener einen Packen Gutscheine in einen Kasten steckte, auf dem
ein Foto von Waisenhauskindern in ärmlicher Kleidung angebracht war,
über dem geschrieben stand: »Für die Kinder von Trenton«. In dieser
Gruppe spendeten knapp die Hälfte der Kinder einen Teil ihrer Ge-
winnbons ebenfalls.

Von den anderen Kindern, denen man kein solches »Vorbild« gab, spen-
dete kein einziges.

Von diesem Beispiel ist leicht abzuleiten, wie schnell und nachhaltig
Kinder auch durch Medien zu beeinflussen sind. Durch Filme, Werbung, Jugendzeitschriften werden ihnen ständig neue Lebensmodelle
vorgeführt, denen sie nachzueifern versuchen, die aber so gut wie nie
zu erreichen sind.

Das erfolglose Nacheifern vorgegebener Modelle hat natürlich Konse-
quenzen für die Psyche. Schon sehr früh lernen und verinnerlichen
derart handelnde Kinder und Jugendliche, dass sie im Grunde »Versager« sind, weil sie ihre Ziele nicht erreichen können und kompensieren
das häufig, indem sie immer härtere Mutproben durchstehen (z. B.

S-Bahn-Surfen oder das Spiel »Luft anhalten bis zum Umfallen«) oder sie betäuben ihren Frust und greifen zu Drogen. Schon ein Großteil der Kinder unter 14 Jahren raucht, viele trinken, und nicht wenige nehmen sogar harte Drogen wie Ecstasy oder gar Heroin.

Sehen wir hingegen glückliche und zufriedene Kinder, sind es immer Kinder, die sich von Eltern, Großeltern oder Freunden angenommen fühlen, denen weder eine heile noch eine chaotische sondern eine ausgeglichene Welt vorgelebt wird, die einer gesunden Realität entspricht und in der erreichbare Ziele gesetzt werden.

Über die Angst
zu versagen

Versagensangst produziert Misserfolge und Misserfolge produzieren Versagensangst – wer in dieser Spirale gefangen ist, kann ihr oft nur noch mit therapeutischer Hilfe entkommen.

Ein siebzehnjähriger junger Mann – nennen wir ihn Harald – hatte mit viel Mühe und Fleiß, trotz schlimmer familiärer Probleme in den ersten zehn Jahren seines Lebens, den qualifizierten Hauptschulabschluss geschafft. Dann fing er mit einer Lehre an, die ihm vom ersten Moment an keinen Spaß machte. Diese Unlust und massive Probleme mit seiner Meisterin, die ihren eigenen Frust auf die Lehrlinge übertrug, führte zu immer schlechteren Noten. Ein halbes Jahr vor Beendigung kündigte er seine Lehrstelle, aus Angst in der Gesellenprüfung zu versagen.

Diese Angst zog sich von da an durch sein Leben. Er tat alles, um keine andere Lehrstelle zu finden, vermied Kontakte zu Menschen, die etwas von ihm fordern könnten, blieb immer länger im Bett, verschlief schließlich dreiviertel des Tages und kümmerte sich nicht mehr um sein Fortkommen oder irgendwelche sozialen Kontakte. Seine Strategie: Bevor ich zum Versager werde, entziehe ich mich den Anforderungen des Lebens.

Dieser Rückzug (man nennt das nach einer Romanfigur auch die *Oblomowsche Krankheit*) dauerte fast ein ganzes Jahr und kostete die Familie viele Nerven. Erst als die Eltern ihn regelrecht zwangen eine Lehrstelle anzutreten, die sie für ihn gesucht hatten, konnte er die innere Barriere überwinden und nach und nach wieder am Leben teilnehmen.

Wer wie Harald unter Versagensängsten leidet, hat Schwierigkeiten mit den ganz normalen, alltäglichen Anforderungen des Lebens. Er kann keine Verantwortung übernehmen, es fällt ihm schwer, Risiken abzuschätzen und Entscheidungen zu treffen. Und weil er seine Fähigkeiten grundsätzlich als negativ einstuft und unbewusst die Erwartung hegt, nicht zu genügen oder hilflos zu reagieren, wird er genau dies tun, um sich selbst zu bestätigen.

Angst vor Herausforderungen und Rückschlägen und die Unfähigkeit, eigene Erfolge oder zumindest Teilerfolge zu erkennen, hält diese Menschen in einem seelischen Dauertief gefangen und macht sie in hohem Maße unglücklich. Selbstbewusste, erfolgreiche Leute hingegen sehen Fehlschläge nicht als Versagen an, sondern versuchen, aus ihnen zu lernen. Sie rechtfertigen sich auch nicht, sondern bemühen sich, ihren Fehler zu korrigieren – so, um die Brücke zu unserem Thema zu schlagen, wie das im Allgemeinen auch Märchenhelden tun. Immer wieder geraten sie ja durch Fehlentscheidungen in eine missliche Lage oder sie hatten bereits alles gewonnen, verspielen es dann aber aus Unachtsamkeit wieder. Doch statt aufzugeben, ziehen sie los, um das Verlorene zurückzuerobern, bestehen Abenteuer und Herausforderungen und reifen an ihnen. Und immer erlangen sie am Ende um vieles mehr, als sie zu Anfang hatten. So zeigen uns die Märchen, wie wichtig es sein kann, »Fehler« zu begehen, denn durch sie sind wir gezwungen, uns aus der Sicherheit und der Geborgenheit herauszubegeben und uns auf neue Erfahrungen einzulassen.

Die heilende Kraft
im Märchen

Heilen, Heilwirkung, Heilwerden – solche Begriffe sind heutzutage schon zum Schlagwort geworden, sie begegnen einem vielerorts. Steine heilen und ätherische Öle, Farben, Wasser, das linksrum gedreht ist, Goldringe im Ohr, wenn sie einen bestimmten Punkt berühren, Elektromagneten und Blütenessenzen – und jetzt also auch noch Märchen? Aber wie bitte soll das gehen?

Ich kann verstehen, dass dem einen oder anderen da Zweifel kommen, dass er denken mag: »Schon wieder so ein Modetrend!« Doch so neu ist die Idee, dass Märchen (bzw. innere Bilder) heilen können gar nicht. Zweierlei sollte bedacht werden.

Erstens: Traditionelle Märchen, also solche, die von Mund zu Mund weitergegeben wurden und sich über Jahrzehnte und sogar Jahrhunderte hinweg entwickelt haben, sind zu »Volksgut« geworden. Es sind *bildgewordene Gedanken*, die aus dem *kollektiven Unbewussten* stammen, und damit eine Geschichte von und auch über uns selbst.

Zweitens: Die Sprache des Bewusstseins sind Worte. Die Sprache des Unbewussten sind Bilder. Ein Beispiel hierfür sind unsere Träume. Sehr oft sind sie »stumm«. Gibt es in Träumen eine Botschaft in Worten, dann handelt es sich meist um geschriebene Worte, die ebenfalls als Bilder betrachtet werden können oder um eine »lautgewordene Idee« – Menschen teilen sich zum Beispiel Dinge mit, ohne wirklich miteinander zu reden. Im Großen und Ganzen sind die Mitteilungen unserer Träume aber bildhaft.

Märchen – auch wenn sie in Worten weitergegeben werden – erreichen uns ebenso auf der Bildebene. Weil sie Gedankengut unserer Ahnen und damit auch Teil unseres eigenen Gedankengutes sind, zählen sie im weiteren Sinne zu den »inneren Bildern«. Das bedeutet, sie haben etwa denselben Stellenwert wie Träume. Man könnte es auch so ausdrücken: *Märchen sind kollektive Träume.*

Damit haben sie die Kraft und die Möglichkeit, über unseren Intellekt hinaus tief in unser Innerstes vorzudringen und dort Emotionen zu beleben.

So wie wir uns unbewusst mit dem Romanhelden eines packend geschriebenen Romans identifizieren, bleibt auch die Identifizierung mit einer Märchenfigur nicht aus. Wir schlüpfen in sie hinein und gehen mit ihr durch Himmel und Hölle, schließen an ihrer Seite Pakte, besiegen Ungeheuer und lernen auf diese Weise, wie Konflikte zu lösen sind. Das gilt für Kinder so gut wie für Erwachsene.

Selbstverständlich müssen wir uns im wahren Leben nicht mit Drachen und Ungeheuern auseinandersetzen – aber sind z. B. die mobbenden Kollegen nicht auch »Drachen«, oder müssen wir in unserer Beziehung nicht auch immer wieder unseren Herzensprinzen, die Herzensprinzessin zurückerobern? Die Märchenbilder konfrontieren uns symbolisch verschlüsselt mit Situationen, in die jeder von uns zu jeder Zeit immer wieder hineingeraten kann. Und sie zeigen uns, wie solche problematischen Situationen zu bewältigen sind. Nie resignieren Märchen-Protagonisten so sehr, dass sie aufgeben und in ihrer Situation stecken bleiben, und selbst wenn sie verzweifeln, wird ihnen im letzten Moment doch wieder Rettung zuteil. Das macht Mut und Lust, daran zu glauben, dass es auch für einen selbst trotz aller Widrigkeiten Rettung gibt, wenn man sich nur genug darum bemüht.

Es existieren verschiedene Therapieformen, die sich der Kraft und dem Zauber innerer Bilder bedienen, und die in Fachkreisen offiziell anerkannt sind.

Eine davon ist die Katathym-imaginative Psychotherapie, die in den fünfziger Jahren von Hanscarl Leuner entwickelt wurde. Anhand der inneren Bilder, die ein Klient in seinen Wachträumen entwickelt, kann der Therapeut vorherrschende Affekte erkennen. Gelingt es ihm, den Klienten dazu anzuregen, belastende innere Bilder in eine für ihn positive Richtung zu verändern, wird der Klient sich unbewusst an diesen »neuen, gesunden« Bildern orientieren.

Das ist die Ebene, auf der auch Märchen heilen können. Notwendige Voraussetzung hierfür ist aber, uns intensiv mit dem ausgewählten Märchen zu beschäftigen. Einzutauchen in die Geschichte, sie in einzelne Stücke zu legen und sie wieder zusammenzusetzen zu einem »heilen« Ganzen. Wir könnten Teile des Märchens malen, mit Farben oder auch vor dem inneren Auge (imaginieren), wir könnten sie nochmals lesen und dann laut, sie umgestalten, sie mit unserem Leben vergleichen, also in Beziehung setzen, sie deuten – alles ist gut, und je intensiver wir uns mit ihnen beschäftigen, desto mehr können sie für uns tun.

Ganz besonders wichtig ist es für Kinder, mit Märchen kreativ umzugehen, wenn sie ihnen auf ihrem Entwicklungsweg weiterhelfen sollen. Aber Kinder lassen sich ja gerne anregen, zu einem vorgelesenen Märchen noch Bilder zu malen, einzelne Szenen nachzuspielen oder zu tanzen, sie umzugestalten … .

Eines jedoch sollte man nicht tun: Märchen für Kinder interpretieren. Kinder haben ihre ganz eigene Art, mit Märchen umzugehen und sie zu »verstehen«. Unser »erwachsener« Intellekt würde an dieser Stelle nur zerstören was Kinder für sich selbst ganz intuitiv als gültig erkannt haben. Ist man hingegen bereit, Kindern aufmerksam und geduldig zuzuhören, wenn sie sich zu Märchen äußern und auf ihre Fragen einzugehen, wird man eine ganze Menge über ihre Gefühle und Wünsche erfahren.

Die neunjährige Tochter eines Bekannten antwortete auf meine Frage, welches Märchen sie am liebsten mag: »Schneewittchen. Das spielen wir gerade in der Schule, und ich bin die Stiefmutter. Da kann ich endlich mal so richtig böse sein und ganz laut herumschreien ohne dafür geschimpft zu werden!«

Die Märchen, die ich für Sie zum Thema Glück ausgewählt habe, versuche ich weniger zu deuten, als sie zu besprechen und in Beziehung zu setzen zum Alltagsgeschehen. Es wäre schön, wenn ich ganz allgemein für Märchen ein neues Interesse wecken könnte und es mir gelänge zu vermitteln, dass Märchen viel mehr sind als nette Gutenachtgeschichten für Kinder.

Bis ins 19. Jahrhundert waren Märchen vor allem Geschichten für Erwachsene, die abends am Feuer oder in den Spinnstuben erzählt wurden. Damals wie heute erzählen Märchen verschlüsselt von Problemen, die uns alle betreffen und bieten gleichzeitig Lösungen an, wie diese Probleme zu bewältigen sind.

Glück hat
seine Zeit

Du kannst eine Ewigkeit am Tor stehen und auf das Glück warten – vergeblich. Und gerade dann, wenn du dich für eine einzige Sekunde umdrehst, zieht es unbemerkt an dir vorbei.

Es gibt Situationen im Leben, da »glückt« einem überhaupt nichts. Egal, wie sehr man sich auch bemüht, immer wieder hat man Probleme im Beruf, Schwierigkeiten mit Menschen; oft jagt ein Unglück das andere. Und dieser Zustand zieht sich nicht selten über Wochen, Monate, manchmal sogar über Jahre hin. Wer dann nicht an dem Glauben festhält, dass sich das Ausharren lohnt und es einmal wieder anders werden wird, kann leicht in Verbitterung geraten. Für viele ist das der Beginn, von Suchtmitteln abhängig zu werden, vor allem wenn man alleine ist, keinen Partner oder wirklich gute Freunde hat.

Andererseits sind da wieder Zeiten, da gelingt einfach alles, auch Dinge, denen man eigentlich gar keine Chance einräumte. Man schäumt über vor Energie, ist kaum noch zu bremsen; ja zieht das Glück förmlich an.

Als ich einmal eine Freundin besuchte, die ich nur selten sehe, weil sie sehr weit weg wohnt, ging sie nach dem Essen mit mir in ihrem Garten spazieren. »Schau nur, wie schön ich es habe!« sagte sie immer wieder, und dabei deutete sie auf ihr Haus, auf die Bäume, auf den Teich, auf die Blumen, die blühten. Und dann meinte sie mit strahlenden Augen: »Ich muss mir das jeden Tag ansehen, immer wieder, und mir mein Glück bewusst machen, damit ich Kraft habe, wenn es mir einmal wieder schlechter geht.«

Natürlich wollen wir alle, dass das Glück uns immer erhalten bleibt, aber keinem von uns wird dieser Wunsch erfüllt werden. Zum Leben gehört beides, Glück und Unglück, und wer beides annehmen kann – so wie meine Freundin, die die hellen Tage ganz bewusst genießt, um für die dunklen, die irgendwann einmal kommen werden, gewappnet zu sein – der wird auch sein Glück niemals ganz verlieren.

Vom Hans im Glück und der Leichtigkeit des Seins – ein praxisnahes Beispiel, wie Märchen helfen

Eines Tages kam eine junge Frau in meine Praxis. Sie war von einem meiner Klienten geschickt worden, einem Mann, der seit seiner Kindheit an Migräne gelitten hatte und dank der Arbeit mit den inneren Bildern (Katathymes Bilderleben bzw. Katathym-imaginative Psychotherapie) geheilt war. Sie sagte, sie fühle sich total »antriebsschwach«, außerdem sei ihr Nacken ewig steif, und da helfe inzwischen auch keine Massage und keine Gymnastik mehr. Nun setze sie ihre ganze Hoffnung auf die Arbeit bei mir, und sie hätte auch gleich einen Traum mitgebracht. Den schob sie mir fein säuberlich aufgeschrieben hin und sah mich an, als wolle sie sagen: »Los geht's, lass uns keine Zeit verlieren.«

Die Vehemenz, mit der sie die Sache anging, nahm mir fast den Atem, und ich dachte so bei mir: »Wie ist sie erst, wenn sie sich nicht antriebsschwach fühlt?«

Ich las mir ihren Traum durch, den ich hier ungekürzt wiedergebe:

Ich gehe über eine Landstraße. Sie ist kerzengerade, und sie scheint niemals aufzuhören und nirgendwo anzukommen. Auf meiner Schulter trage ich einen ganz großen Goldklumpen, der wahnsinnig schwer ist, und mein Hals und meine Schulter schmerzen von der Last. Dann ist da auf einmal ein Brunnen. Weil ich trinken möchte lege ich meinen Goldklumpen auf den Rand. Aber da ist das Gold plötzlich ein Stein. Zuerst bin ich entsetzt, weil mein Gold weg ist. Aber dann denke ich: Das ist gut, da brauchst du dich nicht mehr abzuschleppen. Und dann werfe ich den Stein einfach in den Brunnen und sehe oder stelle mir auch nur vor, wie er unten in einer anderen Welt wieder rauskommt und dann auch wieder zu Gold geworden ist.

Als ich den Traum gelesen hatte, fiel mir sofort das Märchen von »Hans im Glück« ein, und ich fragte sie, ob sie es kenne. Sie strahlte und erzählte mir, dass dieses Märchen sie schon als Kind unglaublich fasziniert hatte, »weil der Hans so glücklich und gelassen war, egal, was auch immer passierte«. Ich bat sie, für dieses Märchen einen neuen Titel zu wählen, und sie sagte: »Von der Leichtigkeit des Seins.«

Es gibt eine Regel, die besagt: Bringt ein Klient einen Traum zum ersten Gespräch mit (oder träumt er ihn kurz danach), ist der Inhalt des Traums der Wegweiser für die Beratung. Im Fall meiner Klientin – nennen wir sie Cornelia – ging es also um etwas, das Hans im Glück verkörpert, und um die Leichtigkeit des Seins.

Die Lebensgeschichte Cornelias ist schnell erzählt. Sie war 13 Jahre alt, als ihre Eltern, die ein Geschäft hatten, Konkurs anmelden mussten und alles verloren. Plötzlich waren aus der begüterten Familie arme Leute geworden, sie besaßen nicht einmal mehr ein Auto. Cornelia schämte sich vor ihren Freundinnen und den Leuten und zog sich von allem zurück, was ihr vorher lieb gewesen war.

Nach der mittleren Reife besuchte Cornelia eine Hotelfachschule, als sie 23 Jahre alt war gründete sie eine Firma im Dienstleistungsbereich, und schon zwei Jahre später hatte sie drei Angestellte. Aber um den Betrieb zu erhalten musste sie zehn bis zwölf Stunden täglich arbeiten, manchmal auch sonntags. Obwohl ihre Firma zum Leben genug abwarf, hatte sie immer Angst, es könnte ihr gehen wie ihren Eltern, und oft beneidete sie die Menschen, die einfach »nur« angestellt waren. Nachdem Cornelia einen Mann kennen gelernt hatte, in den sie sich verliebte, diese Beziehung aber schon bald in die Brüche ging, weil sie zu wenig Zeit für ihn hatte, fingen ihre Nackenschmerzen an. Inzwischen waren die Beschwerden so heftig, dass sie in ihrer Lebensführung ernsthaft eingeschränkt war, ihre Arbeit liegen blieb und sie auch kein Auto mehr fahren konnte.

Bei unserer nächsten Sitzung bat ich Cornelia, mir das Märchen von Hans im Glück so zu erzählen, wie sie sich daran erinnerte und las es ihr im Anschluss im Originaltext vor.

HANS
IM GLÜCK

Hans hatte sieben Jahre bei seinem Herrn gedient, da sprach er zu ihm »Herr, meine Zeit ist herum, nun wollte ich gerne wieder heim zu meiner Mutter, gebt mir meinen Lohn.« Der Herr antwortete: »Du hast mir treu und ehrlich gedient, wie der Dienst war, so soll der Lohn sein.«, und gab ihm ein Stück Gold, das so groß wie Hansens Kopf war.

Hans zog ein Tüchlein aus der Tasche, wickelte den Klumpen hinein, setzte ihn auf die Schulter und machte sich auf den Weg nach Haus. Wie er so dahinging und immer ein Bein vor das andere setzte, kam ihm ein Reiter in die Augen, der frisch und fröhlich auf einem munteren Pferd vorbeitrabte. »Ach«, sprach Hans ganz laut, »was ist das Reiten ein schönes Ding! Da sitzt einer wie auf einem Stuhl, stößt sich an keinem Stein, spart die Schuh, und kommt fort, er weiß nicht wie.« Der Reiter, der das gehört hatte, hielt an und rief »Ei, Hans, warum läufst du auch zu Fuß?«

»Ich muss ja wohl«, antwortete er, »da habe ich einen Klumpen heim zu tragen: es ist zwar Gold, aber ich kann den Kopf dabei nicht gerad halten, auch drückt mir's auf die Schulter.«

»Weißt du was«, sagte der Reiter, »wir wollen tauschen: ich gebe dir mein Pferd, und du gibst mir deinen Klumpen.«

»Von Herzen gern«, sprach Hans, »aber ich sage Euch, Ihr müsst Euch damit schleppen.« Der Reiter stieg ab, nahm das Gold und half dem Hans hinauf, gab ihm die Zügel fest in die Hände und sprach »wenn's nun recht geschwind soll gehen, so musst du mit der Zunge schnalzen und hopp hopp rufen.«

Hans war seelenfroh, als er auf dem Pferde saß und so frank und frei dahinritt. Über ein Weilchen fiel's ihm ein, es sollte noch schneller gehen, und fing an mit der Zunge zu schnalzen und hopp hopp zu rufen. Das Pferd setzte

sich in starken Trab, und ehe sich's Hans versah, war er abgeworfen und lag in einem Graben, der die Äcker von der Landstraße trennte. Das Pferd wäre auch durchgegangen, wenn es nicht ein Bauer aufgehalten hätte, der des Weges kam und eine Kuh vor sich hertrieb. Hans suchte seine Glieder zusammen und machte sich wieder auf die Beine. Er war aber verdrießlich und sprach zu dem Bauer »Es ist ein schlechter Spaß, das Reiten, zumal, wenn man auf so eine Mähre gerät, wie diese, die stößt und einen herabwirft, dass man den Hals brechen kann; ich setze mich nun und nimmermehr wieder auf. Da lob ich mir Eure Kuh, da kann einer mit Gemächlichkeit hinterhergehen, und hat obendrein seine Milch, Butter und Käse jeden Tag gewiss. Was gäb ich darum, wenn ich so eine Kuh hätte!«

»Nun«, sprach der Bauer, »geschieht Euch so ein großer Gefallen, so will ich Euch wohl die Kuh für das Pferd vertauschen.« Hans willigte mit tausend Freuden ein: der Bauer schwang sich auf's Pferd und ritt eilig davon. Hans trieb seine Kuh ruhig vor sich her und bedachte den glücklichen Handel. »Hab ich nur ein Stück Brot, und daran wird mir's noch nicht fehlen, so kann ich sooft mir's beliebt, Butter und Käse dazu essen; hab ich Durst, so melk ich meine Kuh und trinke Milch. Herz, was verlangst du mehr?« Als er zu einem Wirtshaus kam, machte er Halt, aß in der großen Freude alles, was er bei sich hatte, sein Mittags- und Abendbrot, rein auf, und ließ sich für seine letzten paar Heller ein halbes Glas

Bier einschenken. Dann trieb er seine Kuh weiter, immer nach dem Dorfe seiner Mutter zu. Die Hitze ward drückender, je näher der Mittag kam, und Hans befand sich in einer Heide, die wohl noch eine Stunde dauerte. Da ward es ihm ganz heiß, sodass ihm vor Durst die Zunge am Gaumen klebte. »Dem Ding ist zu helfen«, dachte Hans, »jetzt will ich meine Kuh melken und mich an der Milch laben.« Er band sie an einen dürren Baum, und da er keinen Eimer hatte, so stellte er seine Ledermütze unter, aber wie er sich auch bemühte, es kam kein Tropfen Milch zum Vorschein. Und weil er sich ungeschickt dabei anstellte, so gab ihm das ungeduldige Tier endlich mit einem der Hinterfüße einen solchen Schlag vor den Kopf, dass er zu Boden taumelte und eine Zeit lang sich gar nicht besinnen konnte, wo er war.

Glücklicherweise kam gerade ein Metzger des Weges, der auf einem Schubkarren ein junges Schwein liegen hatte. »Was sind das für Streiche!« rief er und half dem guten Hans auf. Hans erzählte, was vorgefallen war. Der Metzger reichte ihm seine Flasche und sprach: »Da trinkt einmal und erholt Euch. Die Kuh will wohl keine Milch geben, das ist ein altes Tier, das höchstens noch zum Ziehen taugt oder zum Schlachten.«

»Ei, ei«, sprach Hans und strich sich die Haare über den Kopf, »wer hätte das gedacht! Es ist freilich gut, wenn man so ein Tier im Haus schlachten kann, was gibt's für Fleisch! Aber ich mache mir aus dem Kuhfleisch nicht viel, es ist mir nicht saftig genug. Ja, wer so ein junges

Schwein hätte! Das schmeckt anders, dabei noch die Würste.«

»Hört, Hans«, sprach da der Metzger, »Euch zuliebe will ich tauschen und will Euch das Schwein für die Kuh lassen.«

»Gott lohn Euch Eure Freundschaft«, sprach Hans, übergab ihm die Kuh, ließ sich das Schweinchen vom Karren losmachen und den Strick, woran es gebunden war, in die Hand geben.

Hans zog weiter und überdachte, wie ihm doch alles nach Wunsch ginge, begegnete ihm ja eine Verdrießlichkeit, so würde sie doch gleich wieder gutgemacht. Es gesellte sich danach ein Bursche zu ihm, der trug eine schöne weiße Gans unter dem Arm. Sie boten einander die Zeit, und Hans fing an, von seinem Glück zu erzählen, und wie er immer so vorteilhaft getauscht hätte. Der Bursche erzählte ihm, dass er die Gans zu einem Kindtaufschmaus brächte. »Hebt einmal«, fuhr er fort und packte sie bei den Flügeln, »wie schwer sie ist, die ist aber auch acht Wochen lang genudelt worden. Wer in den Braten beißt, muss sich das Fett von beiden Seiten abwischen.«

»Ja«, sprach Hans, und wog sie mit der einen Hand, »die hat ihr Gewicht, aber mein Schwein ist auch keine Sau.« Indessen sah sich der Bursch nach allen Seiten ganz bedenklich um, schüttelte auch wohl mit dem Kopf. »Hört«, fing er darauf an, »mit Eurem Schweine mag's nicht ganz richtig sein. In dem Dorfe, durch das ich gekommen

bin, ist eben dem Schulzen eins aus dem Stall gestohlen worden. Ich fürchte, ich fürchte, Ihr habt's da in der Hand. Sie haben Leute ausgeschickt, und es wäre ein schlimmer Handel, wenn sie Euch mit dem Schwein erwischten: das Geringste ist, dass Ihr ins finstere Loch gesteckt werdet.« Dem guten Hans ward bang. »Ach Gott«, sprach er, »helft mir aus der Not, Ihr wisst hier herum besseren Bescheid, nehmt mein Schwein da und lasst mir Eure Gans.«

»Ich muss schon etwas auf's Spiel setzen«, antwortete der Bursche, »aber ich will doch nicht schuld sein, dass Ihr ins Unglück geratet.« Er nahm also das Seil in die Hand und trieb das Schwein schnell auf einen Seitenweg fort: der gute Hans aber ging, seiner Sorgen entledigt, mit der Gans unter dem Arme der Heimat zu. »Wenn ich's recht überlege«, sprach er mit sich selbst, »habe ich noch Vorteil bei dem Tausch: erstlich den guten Braten, hernach die Menge von Fett, die herausträufeln wird, das gibt Gänsefettbrot auf ein Vierteljahr, und endlich die schönen weißen Federn, die lass ich mir in mein Kopfkissen stopfen, und darauf will ich wohl ungewiegt einschlafen. Was wird meine Mutter eine Freude haben!«

Als er durch das letzte Dorf gekommen war, stand da ein Scherenschleifer mit seinem Karren, sein Rad schnurrte, und er sang dazu.

»Ich schleife die Schere und drehe geschwind,
und hänge mein Mäntelchen nach dem Wind.«

Hans blieb stehen und sah ihm zu; endlich redete er ihn an und sprach: »Euch geht's wohl, weil Ihr so lustig bei Eurem Schleifen seid.«

»Ja«, antwortete der Scherenschleifer, »das Handwerk hat einen güldenen Boden. Ein rechter Schleifer ist ein Mann, der, sooft er in die Tasche greift, auch Geld darin findet. Aber wo habt Ihr die schöne Gans gekauft?«

»Die hab ich nicht gekauft, sondern für ein Schwein eingetauscht.«

»Und das Schwein?«

»Das hab ich für eine Kuh gekriegt.«

»Und die Kuh?«

»Die hab ich für ein Pferd bekommen.«

»Und das Pferd?«

»Dafür hab ich einen Klumpen Gold, so groß als mein Kopf, gegeben.«

»Und das Gold?«

»Ei, das war mein Lohn für sieben Jahre Dienst.«

»Ihr habt Euch jederzeit zu helfen gewusst«, sprach der Schleifer, »könnt Ihr's nun dahin bringen, dass Ihr das Geld in der Tasche springen hört, wenn Ihr aufsteht, so habt Ihr Euer Glück gemacht.«

»Wie soll ich das anfangen?« sprach Hans. »Ihr müsst ein Schleifer werden wie ich; dazu gehört eigentlich nichts als ein Wetzstein, das andere findet sich schon von selbst. Da hab ich einen, der ist zwar ein wenig schadhaft, dafür sollt Ihr mir aber auch weiter nichts als Eure Gans geben; wollt Ihr das?«

»Wie könnt Ihr noch fragen«, antwortete Hans, »ich werde ja zum glücklichsten Menschen auf Erden; habe ich
Geld, sooft ich in die Tasche greife, was brauche ich da
länger zu sorgen?« reichte ihm die Gans hin, und nahm
den Wetzstein in Empfang. »Nun«, sprach der Schleifer
und hob einen gewöhnlichen schweren Feldstein, der
neben ihm lag auf, »da habt Ihr noch einen tüchtigen
Stein dazu, auf dem sich's gut schlagen lässt und ihr
Eure alten Nägel gerade klopfen könnt. Nehmt ihn und
hebt ihn ordentlich auf.«

Hans lud den Stein auf und ging mit vergnügtem Herzen
weiter; seine Augen leuchteten vor Freude. »Ich muss in
einer Glückshaut geboren sein«, rief er aus »alles was
ich wünsche, trifft mir ein, wie einem Sonntagskind.«
Indessen, weil er seit Tagesanbruch auf den Beinen gewesen war, begann er müde zu werden; auch plagte ihn
der Hunger, da er allen Vorrat auf einmal in der Freude
über die erhandelte Kuh aufgezehrt hatte. Er konnte
endlich nur mit Mühe weitergehen und musste jeden
Augenblick Halt machen; dabei drückten ihn die Steine
ganz erbärmlich. Da konnte er sich des Gedankens nicht
erwehren, wie gut es wäre, wenn er sie gerade jetzt nicht
zu tragen brauchte. Wie eine Schnecke kam er zu einem
Feldbrunnen geschlichen, wollte da ruhen und sich mit
einem frischen Trunk laben: damit er aber die Steine im
Niedersitzen nicht beschädigte, legte er sie bedächtig
neben sich auf den Rand des Brunnens. Darauf setzte
er sich nieder und wollte sich zum Trinken bücken, da

versah er's, stieß ein klein wenig an, und beide Steine plumpsten hinab. Hans, als er sie mit seinen Augen in die Tiefe hatte versinken sehen, sprang vor Freuden auf, kniete dann nieder und dankte Gott mit Tränen in den Augen, dass er ihm auch diese Gnade noch erwiesen und ihn auf eine so gute Art, und ohne dass er sich einen Vorwurf zu machen brauchte, von den schweren Steinen befreit hätte, die ihm allein noch hinderlich gewesen wären. »So glücklich wie ich«, rief er aus, »gibt es keinen Menschen unter der Sonne.« Mit leichtem Herzen und frei von aller Last sprang er nun fort, bis er daheim bei seiner Mutter war.

Gebrüder Grimm

Cornelia erinnerte sich im Wesentlichen recht genau an das Märchen. Sie hatte lediglich den zweiten Stein vergessen, der Hans vom Scherenschleifer noch zusätzlich aufgebürdet worden war. Dieser zweite Stein beschäftigte sie dann auch sehr. »Es hätte dem Scherenschleifer doch genügen können, seinen Vorteil zu haben«, erzürnte sie sich, »warum musste er dem Hans auch noch eins draufgeben!«

Daraufhin fielen ihr einige Geschichten aus ihrer Kindheit ein, wie die Leute der Kleinstadt auf die Schließung des elterlichen Betriebes reagiert hatten. »Statt darüber nachzudenken, dass es ihnen vielleicht einmal genau so ergehen könnte, machten sie sich lustig und zogen meinen Eltern auch noch das letzte Hemd vom Leib. Die Einrichtung zum Beispiel, die wurde für ein Butterbrot von einem Mann ersteigert, der sie dann ein paar Wochen später viel teurer weiterverkaufte!«

In dieser Sitzung kamen nach und nach immer mehr Ängste, aber auch einiges an Wut zutage, an der wir einige Stunden arbeiteten, wodurch auch die Schmerzen im Nacken langsam nachließen.

Dann kam Cornelia eines Tages und schlug selbst vor, wir sollten uns mit den verschiedenen Tauschobjekten des Märchens befassen, denn sie sei sicher, die hätten ihr etwas Wichtiges zu sagen.

Wir deuteten das ganze Märchen durch und fingen mit dem Gold an. Sie assoziierte dazu Lohn, Reichtum, Status, Würde, aber auch Schwere und Last. Die Verbindung zu ihrer Kindheit und zu ihrem jetzigen Leben unter der erdrückenden Last ihrer Arbeit war schnell hergestellt. Zu Pferd fiel ihr zuerst Geschwindigkeit ein, dann Kraft. Sie erkannte, dass Hansens Problem war, mit dieser Kraft nicht umgehen zu können. Sie warf ihn regelrecht aus dem Sattel, und sie fand, er konnte froh sein, dass ihm nicht mehr dabei passiert war als die paar Prellungen, die er sich zugezogen hatte.

In der Kuh und Hansens Bedürfnis, immer Milch und Käse (Nahrung) zu haben, erkannte sie eine verborgene Sehnsucht nach der Mutter und nach deren Schutz. Hier weinte sie sehr, denn es war ihr bis dahin nie so bewusst gewesen, dass es auch in ihr diese Sehnsucht gab.

»Meine Eltern hatten ja nie Zeit für mich«, sagte sie, »und ich wurde vom Dienstmädchen zur Nachbarin geschoben, und wenn mich meine Mutter in den Arm nahm, dann höchstens, um mir einen Gutenachtkuss zu geben.« Da schien ihr das Bild von der Kuh, die keine Milch geben will, absolut treffend.

Zum Schwein fiel ihr zuerst Glücksschwein ein. Dann auch wieder Muttertier. Sie stellte sich zehn Ferkel an den Zitzen einer Sau vor. Das bedeutete für sie Glück hoch zehn und sie resümierte, sie könnte viel glücklicher sein, wenn sie es schaffte, alle Ansprüche an ihre Mutter (diese hätte ihr mehr geben müssen) und an sich selbst (ihr durfte niemals passieren, was ihren Eltern passiert war) loszulassen.

Die Gans war in diesem Sinne schon ein deutlicher Fortschritt für sie, denn die konnte fliegen, und das bedeutete Freiheit und Leichtigkeit – etwas, das Cornelia in ihrem Leben vermisste.

Im Wetzstein und im Scherenschleifer erkannte sie ein Zeichen von Aggression – sich wetzen und reiben können an etwas, aber so, dass man andere nicht kaputtmacht damit und auch selbst nicht dabei kaputtgeht, sondern dass etwas danach wieder richtig funktionieren kann (neugeschliffene Schere).

Plötzlich war sie auch gar nicht mehr wütend auf den Scherenschleifer. »Vielleicht wollte er den Hans ja nur provozieren, ihm beibringen, dass ihm zum Glück jetzt nur noch dieses eine fehlte: Der gesunde Umgang mit Aggressionen. Hans sollte lernen, sich zu wehren, sich nicht alles nehmen zu lassen, sich mit seinem Leben auseinander zu setzen.«

Auch dass der Stein am Schluss in den Brunnen fiel, war für Cornelia auf einmal ganz logisch. Er hatte seine Schuldigkeit getan. Hans hatte ja nun alles, was für sein Glück nötig war, erfahren. Dass er seine Kraft spüren und austarieren musste, um mit ihr bewusster umgehen zu können. Dass seine Ansprüche an sich und an die Mutter (das Mütterliche) überzogen waren. Dass er mehr Leichtigkeit in sein Leben bringen sollte, und dass auch Aggressionen eine positive Kraft besitzen und dazugehören.

Natürlich stand Hans hier immer für Cornelia, die sich ja ganz mit ihm identifizierte. Es waren Bilder und Gedanken, die aus ihr kamen und deshalb zu ihr gehörten und von ihr sprachen. Hans ist nur Projektionsfläche. Ein anderer Mensch, der sich genauso intensiv mit diesem Märchen beschäftigt, würde vielleicht ganz andere Schlüsse aus ihm ziehen – seine eigenen Schlüsse eben.

Als ich Cornelia erzählte, dass der Brunnen im Märchen ein Bild für Geburt und Wiedergeburt ist, war sie begeistert. Sie stellte sofort eine Beziehung zu ihrem Traum her. »Wenn ich das mit den Tauschobjekten alles verstanden habe und in mein Leben integrieren kann, dann werde ich als anderer Mensch in einer für mich besseren Welt wiedergeboren«, deutete sie die letzte Traumsequenz, in der sie den Stein in den Brunnen warf und sich vorstellte, wie er anderswo aus einem Brunnen heraussprang und dann auch wieder zu Gold geworden war. »Aber dann«, führte sie den Gedanken zu Ende, »wird es mit dem Gold leichter für mich sein, weil ich es dort nicht immerzu mit mir herumschleppen muss.«

Ziemlich genau ein halbes Jahr später – Cornelia hatte ein paar Wochen zuvor mit den Sitzungen bei mir aufgehört – rief sie mich an und erzählte, dass sie ihre Firma verkauft hatte und jetzt als Geschäftsführerin in einem Restaurant arbeitete. »Mit bezahltem Urlaub, eineinhalb freien Tagen pro Woche, Weihnachtsgeld und allem was dazu gehört! Ich habe es wie Hans gemacht, habe den Ballast abgeworfen und genieße jetzt die Leichtigkeit des Seins. Natürlich nicht jeden Tag, ich muss ja auch arbeiten – aber wer könnte das schon.«

An Cornelias Beispiel mit der Geschichte von *Hans im Glück* kann man sehen, wie wirkungsvoll Märchenarbeit sein kann und wie wir an der Hand eines Märchenhelden einen Weg in unser Innerstes finden können.

MÄRCHEN

UND IHRE BESONDERE BEDEUTUNG FÜR EIN GELINGENDES LEBEN

GLÜCK

Es gibt ein japanisches Märchen, das sehr anschaulich von der Unberechenbarkeit des Glücks erzählt.

DER JÄGER
IM GLÜCK

Ein Shintôpriester ging eines Morgens zum Jagen und traf auf dreizehn Wildenten. Zwölf von ihnen saßen in einer Zickzacklinie hintereinander, die dreizehnte ein wenig abseits. Der Priester nahm sein Gewehr und schoss. Weil er aber den Kolben nicht ruhig genug hielt, wich die Kugel von ihrer Bahn ab, beschrieb eine zickzackförmige Fluglinie und traf so auf alle zwölf Wildenten. Anschließend prallte sie auf einen Stein und dann als Querschläger auch noch auf die dreizehnte Ente, die ja abseits saß. Weil die Enten aber noch nicht ganz tot waren, stiegen sie flatternd hoch, fielen dann in einen Wassergraben und trieben langsam den Bach hinunter. Der Priester eilte ihnen nach, um sie einzusammeln, musste dazu aber ins Wasser steigen. Er fand sie auch alle wieder, band sie mit einer Glyzinienranke zusammen und stieg dann aus dem Bach. Dabei glitt er aus. Erschrocken hielt er sich an einer Baumwurzel fest, doch die gab nach, und er fiel rücklings in den Graben. Jetzt bemerkte er, dass die Baumwurzel in Wahrheit ein Hase war – so hatte er also

zu den dreizehn Enten auch noch einen Hasen gefangen. Während er sich wieder aufrappelte, versuchte der Hase sich zu befreien. Er kratzte heftig mit den Vorderläufen am Boden und grub so zu allem Jagdglück auch noch acht Kamme an Yamswurzeln aus.

Der Priester lud sich seine Schätze auf den Rücken und trat den Heimweg an. Weil aber seine Kleider nass waren und er so fror, zündete er zu Hause am Herdplatz ein Feuer an und zog sich aus. Dabei fielen aus seinen Hosen sechs Kamme Schmerlen heraus, »sodass überall im Haus alles voll von Fischen war.«

Japanisches Märchen

Dieses Märchen macht deutlich, dass Glück etwas ist, was uns ereilt, wenn »es das unbedingt will«, uns aber auch ganz plötzlich wieder »verlassen« kann. Das bedeutet jedoch nicht, dass wir den Launen des Schicksals willkürlich ausgeliefert sind, denn Glück ist durchaus steuerbar.

Der Amerikaner Orison Swett Marden beschreibt in seinem Buch »Streu Blüten, während du gehst« eine Frau, die in ihrem langen Leben viel Leid hatte durchmachen müssen, deren Gesicht aber trotz allem klar und friedlich war, und die Zufriedenheit und Gleichmut ausstrahlte. Als sie von einer anderen Frau, die ständig klagte und verdrießlich war, einmal nach dem Grund ihres Glücklichseins befragt wurde, erzählte sie ihr von ihrem »Freudentagebuch« und dass sie erfahren hatte, dass kein Tag so dunkel und trüb sein kann, dass es nicht doch einen Lichtstrahl gäbe. Und eben diese »Licht-

Kein Tag kann so dunkel und trübe sein, dass es nicht doch einen Lichtstrahl gäbe.

strahlen« schrieb sie täglich in ihr Buch. Das waren meist nur Kleinigkeiten. Die Freude über ein Gespräch mit einer Freundin, ein neues Kleid, eine schöne Blume, eine Aufmerksamkeit ihres Mannes ... .

Aber auf diese Weise richtete sie ihr Augenmerk eben auf das Gute in ihrem Leben, auch dann, wenn es ihr schlecht ging. Und wenn sie spürte, dass ihre dunklen Gedanken überhand nahmen, schlug sie ihr »Freudentagebuch« auf und las darin.

Diese Frau erinnert mich in ihrem Tun an meine Freundin, die sich jeden Tag bei einem Spaziergang durch ihren Garten ihr Glück vor Augen führt, um in dunklen Zeiten gewappnet zu sein. Beide Frauen leben in der Überzeugung, dass ihr – dass jeder Weg! – gepflastert ist mit Glück. Aber erkennen müssen wir es.

Ein unbeachtetes Glück ist kein Glück.
Davon handelt auch das folgende chinesische Märchen. Es zeigt uns, was uns passieren kann, wenn wir nur ausgerichtet sind auf unser Unglück.

DAS GLÜCKSKIND
UND DAS UNGLÜCKSKIND

Es war einmal ein Fürst, der eine Tochter hatte, und diese Tochter war ein Unglückskind. Als es an der Zeit war, dass sie sich vermählen sollte, ließ sie alle Freier vor das Schloss kommen. Sie wollte einen roten Seidenball unter sie werfen, und derjenige, der ihn fing, sollte ihr Gatte werden. Fürsten und Grafen und allerhand hohe Herren waren da, nur einer unter ihnen war ein Bettelmann. Als die Prinzessin sah, dass dem Bettler Drachen zu den Ohren hineinkrochen und zur Nase wieder herauskamen, wusste sie, dass er ein Glückskind ist. Da warf sie ihm den Ball zu, und der Bettler fing ihn auf.

Als der Vater sie zornig fragte, warum sie das getan habe, antwortete sie: »Weil er ein Glückskind ist. Wenn ich ihn heirate, bekomme ich vielleicht ein wenig von seinem Glück ab.« Der Vater aber war nicht einverstanden und wollte sie bewegen, ihre Wahl zurückzunehmen, doch die Prinzessin blieb dabei, und da jagte der Vater sie erbost aus dem Schloss.

Von da an wohnte die Prinzessin mit dem Bettler in seiner kargen Hütte, musste von Kräutern und Wurzeln leben, und manchmal gab es auch gar nichts zu essen. Eines Tages aber sprach der Bettler zu ihr: »Ich will in die Welt hinaus und mein Glück suchen, und wenn ich's gefunden habe, werde ich zurückkommen und dich holen.

Damit ging er und blieb achtzehn Jahre fort.

Die Prinzessin lebte in ihrem Elend nun ganz allein, denn der Vater blieb unversöhnlich, und hätte die Mutter ihr nicht hin und wieder heimlich etwas zugesteckt, so wäre sie wohl gar verhungert.

Der Bettler jedoch fand schließlich sein Glück und wurde sogar Kaiser. So kam er zurück, aber seine Frau erkannte ihn nicht, sah nur, dass er der Kaiser war.

»Wie geht es dir?« fragte er.

»Warum interessiert Euch das?« antwortete sie. »Ich bin doch nur eine arme Bettlersfrau und viel zu gering für Euch.« »Und wo ist dein Mann?«

»Er verließ mich vor achtzehn Jahren, um sein Glück zu suchen und ist immer noch nicht zurückgekehrt.«

»Und du? Was tust du über all die Zeit?«

»Auf ihn warten«, sagte die Frau mit niedergeschlagenen Augen. »Warum nimmst du dir denn keinen Anderen, da er so lange fortbleibt?«

»Nein, das tu ich nicht, ich bin seine Frau für alle Zeit.«

Da gab sich der Kaiser endlich zu erkennen, ließ sie in Gold und Seide kleiden und nahm sie mit auf sein Schloss. Dort lebten sie nun in Überfluss und Freuden. Die Frau war aber doch ein Unglückskind. Als achtzehn Tage vergangen waren, wurde sie plötzlich krank und starb – der Mann aber lebte noch viele Jahre.

Chinesisches Märchen

Die Prinzessin steht ganz unter dem Bann ihrer negativen Selbsteinschätzung. So sehr ist sie überzeugt davon, ein Unglückskind zu sein, dass eine innere Stimme sie dazu treibt, unter all den anwesenden Freiern ausgerechnet den auszuwählen, an dessen Seite ihr Leben eine einzige Qual sein wird. Damit macht sie – und zwar selbst gegen die Widerstände ihres mächtigen Vaters – ihr angenommenes Schicksal wahr.

Die Tatsache, dass sie dabei nicht »kopflos« handelt, sondern mit einiger Überlegung, denn sie erkennt ja, dass der Bettler ein Glückskind ist, macht die Sache nur noch tragischer. Irgendein anderer der anwesenden Freier hätte ihr bestimmt ein Leben in Geborgenheit und Wohlstand ermöglichen können, dann wäre sie zwar nicht Kaiserin geworden, hätte aber auch nicht zuvor achtzehn Jahre in Einsamkeit und Elend verbringen müssen. Aber nein, sie vermeidet das Glück und sorgt zielsicher dafür, im Unglück zu bleiben, achtzehn lange Jahre, bis das Schicksal sich wendet und wir schon aufatmen wollen: Jetzt endlich bekommt sie es, ihr lang ersehntes Glück! Doch da stirbt sie, nach nur achtzehn Tagen, also einem Bruchteil der Zeit, die sie hatte warten und leiden müssen.

Wir suchen, was wir kennen

In den 80er Jahren erschien ein Buch von Robin Norwood mit dem Titel *Wenn Frauen zu sehr lieben*. Dieses Buch rief Bestürzung unter sehr vielen Frauen und einigen Männern hervor. Es handelt unter anderem davon, dass etwas uns treibt, immer wieder das zu suchen, was wir aus frühester Kindheit kennen, egal wie schmerzhaft es für uns ist. Ein Beispiel:

Ein Mädchen wächst in einer Familie auf, in der der Vater gewalttätig ist. Er schlägt die Mutter und die Kinder immer und immer wieder, und das Mädchen hat nur eines im Kopf: Ich will, ich muss da raus! Kaum ist sie achtzehn oder zwanzig Jahre, heiratet sie, und kaum dass sie verheiratet ist, fängt ihr Mann an, sie zu schlagen. Die junge Frau wird dann vielleicht sagen: »Ich hatte keine Ahnung, dass er gewalttätig ist, er hat mir ja vor der Ehe nie etwas getan!« Und doch war sie es, die sich diesen Mann ausgesucht hat, mit einem untrüglichen Gespür dafür, dass er ihr geben kann, was sie kennt und womit sie in ihrer Kindheit gelernt hat, umzugehen. Das Andere – glücklich sein, Zärtlichkeiten annehmen, geliebt und geachtet zu werden – das kennt sie ja nicht, und wüsste gar nicht, wie sie es ertragen sollte.

Ein weiterer Grund für das geschlagene Mädchen, sich einen Schläger zum Mann zu nehmen, ist die unbewusste Hoffnung, den Mann zum Positiven hin zu verändern und damit gleichzeitig die quälende Kindheit in den Griff zu bekommen, das Trauma zu bewältigen. Selbstverständlich geht das nicht, und vom logischen Denken her wissen alle Betroffenen das auch. Aber die Psyche hat nichts mit Logik zu tun, sie handelt nach ihren ganz eigenen Gesetzen. Doch der einzige Weg, aus dieser Mühle herauszukommen, ist der, sich das Unbewusste bewusst zu machen, um dem unbewussten Handeln die bewusste Tat entgegensetzen zu können.

Nehmen wir unsere Prinzessin. Wie kommt sie denn überhaupt darauf, ein Unglückskind zu sein? Jemand hat es ihr wohl eingeredet. Vielleicht eine Weissagung an der Wiege, vielleicht hat aber auch der strenge und harte Vater ihr immer wieder gesagt: »Alles was du anfasst, endet im Unglück! Du kannst nichts, du verdirbst alles, aus dir wird nie etwas werden!«

Es könnte auch die Mutter dazu beigetragen haben, dass ihre Tochter so wenig Selbstvertrauen hat. Sie scheint mir eine schwache, schattenhafte Frau zu sein, denn sie tritt nur einmal in Erscheinung, und da heißt es, dass sie der Tochter ab und zu »heimlich« etwas zusteckt. Sie kann sich also gegen den übermächtigen Gatten nicht durchsetzen, nimmt hin, was er bestimmt, egal wie schmerzlich es auch ist. Dieses zaghafte Verhalten schaut sich die Tochter nicht nur von ihr ab, wir können auch davon ausgehen, dass die

Das Frauenbild der Kinder wird durch das Verhalten der Mutter ganz entschieden geprägt.

Mutter das Kind überbehütet, ganz einfach weil es ihrem Frauenbild entspricht, dass Frauen schwach sind und Schutz brauchen.

Dieses Bild können wir im Übrigen auch als Projektion einer vom Patriarchat bestimmten Gesellschaft betrachten, in der die weibliche Stärke verkümmert ist. So wird die Frau zu einem schwachen Wesen ohne die Kraft zur Selbstbestimmung – ein Wesen, das sich einreden lässt nichts zu können und nichts zu taugen und das darum sein Glück auch nicht selbst in die Hand nimmt, sondern dem Mann anträgt.

So wächst also die Prinzessin in dem Glauben auf, ein Unglückskind zu sein, und wird darum auch nichts so sicher anziehen wie das Unglück. Das Unglück wird zu ihrem Leben, es wird ein Teil von ihr, sie selbst wird das Unglück. Daran ändert auch die Tatsache nichts, dass sie vorgibt, das Glück zu suchen. »Er ist ein Glückskind, und wenn ich ihn heirate, bekomme ich vielleicht etwas von seinem Glück ab«, sagt sie. Aber wollte sie wirklich ihr Glück finden, würde sie selbst sich auf den Weg machen, es zu erlangen und nicht einfach nur hoffen, von ihrem Mann ein bisschen davon abzubekommen.

Dazu müsste die Prinzessin das eben Erläuterte aber durchschauen. Sie müsste einigen Mut aufbringen, das, was sie als Kind nie gelernt hat, jetzt als erwachsene Frau nachzuholen – Verantwortung übernehmen, sich den Dingen stellen, dem Vater entgegentreten, sich von der Mutter lösen … nicht wenig, was da auf sie wartet, aber am Ende stünde ihr eigenes Glück, das ihr dann auch niemand mehr nehmen könnte. Doch die Prinzessin bleibt ihrem Unglück verhaftet. Achtzehn Jahre wartet sie tatenlos, und dann, als sie tatsächlich mit dem Glück konfrontiert wird, ist es so unerträglich für sie, dass sie aus dem Leben geht.

Schauen wir uns eine andere Prinzessin an, die ebenso im Unglück verfangen zu sein scheint. Sie nimmt ihr Schicksal aber in die Hand, und am Ende kann sie es dann auch überwinden. Es ist ein sizilianisches Volksmärchen, das mir Rosalina Russo, eine sizilianische Bekannte, erzählt hat, und das ich hier frei nacherzähle.

PRINZESSIN
UNGLÜCKLICH

Es waren einmal ein König und eine Königin aus Spanien,
die hatten sieben Töchter, die alle jung und schön waren.
Das Königspaar und die Töchter waren sehr beliebt beim
Volk, und so lebten alle glücklich und zufrieden miteinander. Doch eines Tages fiel ein fremder König mit seiner
übermächtigen Armee in Spanien ein, metzelte alles
nieder und nahm den König gefangen. Nur die Königin
und ihre sieben Töchter konnten fliehen und sich in einer
halb verfallenen Hütte irgendwo im letzten Winkel des
Reiches verstecken. Dort lebten sie in Armut und versuchten, sich mit Stickereien und dergleichen am Leben
zu erhalten. Doch so schön ihre Arbeiten auch waren,
kaum jemand wollte sie haben, und so wurde es von
Tag zu Tag schwerer für die Königin, ihre Töchter zu
ernähren.
Als sie eines Tages ganz alleine zu Hause war, um aus
ein paar Wurzeln eine Brühe zu ziehen, während ihre
Töchter im Wald nach Holz suchten, klopfte eine alte Zigeunerin an die Tür. »Ich habe Kämme, etwas Spitze und
ein paar Flicken Stoff zu verkaufen«, sagte sie. »Meine
Ware ist nicht teuer, und wenn Ihr kein Geld habt, so
gebt mir wenigstens etwas zu Essen dafür.«
Da seufzte die Königin und schüttelte traurig den Kopf.
»Geld habe ich nicht, Mütterchen, aber wenn du dich ein

wenig bei mir ausruhen willst und mit einem Teller Brühe
zufrieden bist, den kann ich dir geben.«

Die Alte trat ein, setzte sich an den Herd und löffelte
schweigend ihre Brühe. Dabei starrte sie unablässig ins
Feuer, und als sie endlich fertig war, murmelte sie: »Ich
kann sehen... im Feuer... kann sehen, dass Ihr die Königin
von Spanien seid, und dass Euch ein großes Unglück
ereilt hat. Den König haben sie verschleppt, und Ihr lebt
jetzt hier mit Euren sieben Töchtern in größter Armut.«

»Es ist, wie du sagst, Großmütterchen«, bestätigte die
Königin traurig, und die Alte fuhr fort:

»Auch vermag ich das Schicksal der Menschen zu erkennen, ihr Glück und ihr Unglück und die Ursache dafür. Ich
sehe, dass es unter deinen sieben Töchtern eine gibt, die
ohne Glück ist und ein schlechtes Schicksal hat, sie ist
an allem schuld, das euch widerfahren ist, denn sie zieht
das Unglück auf sich. Schick diese Tochter fort, und du
bekommst deinen Mann und das Königreich zurück.«

»Was schlägst du mir da vor?« rief die Königin entsetzt
aus. »Ich liebe sie alle, alle sind sie mir gleich gut; da
kann ich doch nicht eine von ihnen fortjagen!«

»Und doch ist es der einzige Weg, wenn du dich und die
anderen retten willst«, beharrte die Alte. »Geh heute
Nacht in die Schlafkammer deiner Töchter und schau,
wie sie schlafen. Drei werden auf der rechten Seite
liegen, drei auf der linken, nur eine liegt auf dem
Rücken und hat die Hände über der Brust gekreuzt.
Diese ist es, die du fortschicken musst, denn auf ihr

liegt der Fluch, und überall, wo sie ist, wird auch das Unglück sein.« Als die Alte gegangen war, kehrten die Prinzessinnen aus dem Wald zurück, aber sie hatten kaum Holz gefunden, und so aßen sie nur schnell ihre Brühe und gingen dann ins Bett, um nicht zu frieren.

Die Königin saß noch eine Weile am Herd, sah weinend in die verlöschende Glut und dachte über die Worte der Zigeunerin nach. Schließlich zündete sie eine Kerze an und ging in die Kammer der Mädchen, um zu sehen, welche die Unglückliche war. Und richtig, drei lagen auf der rechten Seite, drei auf der linken, nur die jüngste lag auf dem Rücken und hielt die Hände auf der Brust gekreuzt. Da musste die Königin wieder weinen, und als ihre Tränen auf das Gesicht der Jüngsten fielen, wachte sie auf und fragte bestürzt: »Aber Mutter, warum weint Ihr denn?«

»Ach nichts«, sagte die Königin, »es ist nur, weil ich nicht genug zu Essen für euch habe, und auch kein Holz, um euch zu wärmen.«

Aber die Prinzessin ließ sich nicht täuschen, und sie drang weiter in die Mutter, bis sie ihr gestand, was geschehen war. Da umarmte die Unglückliche ihre Mutter, küsste sie innig und sagte: »Mach dir doch keine Sorgen, Mütterchen, geh auch du schlafen, und lass uns morgen über alles reden. Es wird schon eine Lösung geben.«

Aber kaum war die Königin zu Bett gegangen, da stand die Prinzessin ganz leise auf, zog sich an und schlich sich davon, denn sie wollte den anderen nicht länger im Wege stehen.

Prinzessin Unglücklich ging drei Tage lang, dann kam sie an ein Haus, das am Wegrand stand, und sie dachte: »Vielleicht kann ich ja hier Arbeit bekommen!« und klopfte an.

Eine Frau öffnete ihr und sagte auch gleich: »Wenn du arbeiten willst, Mädchen, dann komm nur herein, zu tun gibt es bei meinen beiden Schwestern und mir genug!«

Die eine spann, die andere webte, die dritte klöppelte feine Spitze. Prinzessin Unglücklich aber musste kehren und putzen und beim Kochen zur Hand gehen. Ein paar Tage lang verlief auch alles gut, aber dann wollten die Schwestern eine Reise unternehmen, und sie riefen das Mädchen zu sich und sagten: »Wir werden unsere Verwandten in der Stadt besuchen und erst morgen wieder zurück sein. Pass du so lange auf, dass hier niemand Unrecht tut. Verschließe alle Türen und lass keinen herein, denn wenn jemand unsere Stoffe und Spitzen stehlen würde, das wäre ein großes Unglück.«

Die Frauen machten sich also auf die Reise, und Prinzessin Unglücklich verschloss alle Türen und Fenster. Sofort stürzte sie sich in die Hausarbeit, damit das ganze Haus schön glänzen würde, wenn die Frauen am nächsten Tag zurückkämen.

Zuerst geschah nichts Außergewöhnliches, aber gegen Mitternacht hörte sie plötzlich ganz seltsame Geräusche im Haus. Ein Stöhnen und Murmeln und Klappern von Scheren. Sofort ging sie nachsehen, und O Schreck!

– sie fand eine alte Hexe im Keller, die all das Tuch und
all die Spitze der fleißigen Frauen in Fetzen schnitt und
dazu lachte und vor wildem Vergnügen kreischte! Doch
als Prinzessin Unglücklich dazwischengehen und ihr die
Schere entreißen wollte, da wurde sie grob zurückgesto-
ßen, und die Hexe war plötzlich verschwunden. Nur das
zerfetzte Tuch lag noch da und zeugte davon, dass all
das Schreckliche kein Traum gewesen war.

Als am nächsten Tag die drei Frauen zurückkamen und
den Schaden entdeckten, wurden sie wütend und jagten
das arme Mädchen davon. »Du undankbares Ding!«
schrieen sie ihr nach, »lass dich hier ja nie wieder
blicken!«

So wanderte die unglückselige Prinzessin weiter, immer
weiter, bis sie nach drei Tagen und Nächten in ein Dorf
kam, und weil sie so lange nichts gegessen hatte, blieb
sie am Kramladen stehen und besah sich ganz sehn-
süchtig all die guten Dinge, die im Fenster lagen.

Da kam plötzlich eine Frau heraus, sah das Mädchen
freundlich an und sagte: »Du siehst aus, als ob du
Hunger hättest!«

»O ja!« gab Prinzessin Unglücklich zu, und die Frau lud
sie ein, ein Stück Brot und Käse zu essen und auch ein
Glas Wein zu trinken.

Als das Mädchen alles aufgegessen hatte, bedankte es
sich ganz herzlich und wollte gehen, aber die Kramers-
frau hielt es zurück. »Du kannst doch jetzt, wo es schon
dunkel wird, nicht weiterziehen. Wenn du willst, richte ich

dir ein Lager, und du kannst hinter der Theke im Laden schlafen.«

Die Unglückliche nahm dankend an, und als das Strohbett gerichtet war, legte sie sich auch gleich nieder und schlief ein.

Aber um Mitternacht das gleiche Spiel – wieder wurde das Mädchen von seltsamen Geräuschen geweckt, und wieder musste es zusehen, wie eine böse alte Hexe alles zerstörte; das Brot auf den Boden warf und lachend drauf herumsprang, kräftig ins Mehl blies, dass es nur so staubte, die Gemüsekörbe umstieß und ihren Inhalt zertrat, und zu guter Letzt auch noch die Spundzapfen aus den Weinfässern im Keller riss. Und erst dann, als alles zerstört war, verschwand sie wieder, genauso plötzlich, wie sie gekommen war.

Man kann sich denken, wie wütend die Kramersleute waren, als sie die Bescherung am nächsten Morgen entdeckten. Mit dem Besen trieben sie die Unglückliche aus dem Haus und schrieen ihr nach, dass sie sich ja nicht wieder blicken lassen sollte.

So wanderte Prinzessin Unglücklich weiter, drei Tage lang, bis sie in ein fremdes Land kam, und dort an einem Bach Rast machte. Sie beugte sich übers Wasser, wusch sich das Gesicht und trank von dem kühlen Nass, und dann fiel sie hin und blieb vor Erschöpfung liegen. Aber welch Zufall! Als sie aus der Ohnmacht erwachte kniete eine Frau neben ihr, und das war niemand anderer, als ihre alte Amme Francesca, die

sie als kleines Kind genährt und auf den Knien ge-
schaukelt hatte.

»Liebe, liebe Francesca«, flüsterte Prinzessin Unglücklich.

»Ach, du meine kleine Prinzessin!« Die Amme nahm sie
fest in die Arme. »Wie kommst denn du hierher, und was
ist mit dir geschehen?«

Das Mädchen erzählte alles, von ihrer Flucht mit der
Mutter und den Schwestern, als man ihren Vater gefangen nahm, von der alten Zigeunerin, und von ihrer langen
beschwerlichen Wanderschaft, nachdem sie die Mutter
verlassen hatte. Und die Amme sagte: »Du armes Kind!
Ich bin jetzt Wäscherin beim Fürsten dieses Landes, und
du kannst gerne bei mir in meinem Häuschen bleiben.
Aber bevor wir nach Hause gehen, muss ich noch diesen
Korb voll Wäsche waschen.«

Prinzessin Unglücklich war so selig darüber, dass sie ihre
alte Amme wiedergefunden hatte und bei ihr bleiben
konnte, dass sie sogleich in den Korb griff, ein Hemd
herauszog und anfing, es zu waschen. »Ich werde dir
helfen!« rief sie dazu, »dann sind wir schneller fertig«.
Aber das Hemd entglitt ihr, wurde vom Bach weggespült
und blieb schließlich an einem Dornenstrauch hängen.
Doch als sie es wieder an sich nehmen wollte, da riss sie
einen gewaltigen Triangel hinein.

»Ja«, sagte da die Amme, »ich seh' schon, dass du wirklich ein unglückliches Schicksal hast – aber mach dir
nichts draus, so lange du bei mir bleibst, werde ich dafür

sorgen, dass dir kein Leid geschieht. Und ich werde darüber nachdenken, wie du dein Schicksal ändern kannst.«

So lebte Prinzessin Unglücklich bei Francesca, und solange sie nichts anfasste, ging alles gut, aber kaum nahm sie etwas in die Hand, zerbrach es auch schon, und wenn sie hinaus an die Sonne ging, verdunkelte sich gleich der strahlende Himmel, und es fing an zu regnen.

Eines Tages hatte die Amme genug von alledem. Sie buk zwei Kuchen und sagte zu Prinzessin Unglücklich: »Dein Schicksal ist wirklich gegen dich, und es wird Zeit, etwas zu unternehmen. Hier, nimm die Kuchen, stell dich damit an den Strand, und rufe dreimal laut nach meinem Schicksal. Es ist ein gutes Schicksal und wird dir bestimmt helfen. Wenn du dreimal gerufen hast, wird meine Schicksalsfrau aus dem Meer kommen. Dann grüße sie recht herzlich von mir, gib ihr einen der Kuchen und bitte sie, dir zu sagen, wie du dein eigenes Schicksal finden kannst. Sodann gehe zu deiner Schicksalsfrau und gebe auch ihr einen Kuchen, vielleicht kannst du sie damit besänftigen.«

Prinzessin Unglücklich tat genau, wie ihre Amme gesagt hatte. Am Meer rief sie dreimal: »O Schicksal von Francesca!«, und schon kam eine wunderschöne Frau aus dem Meer, mit glänzendem Haar und einem warmen Lächeln auf dem Gesicht. Sie nahm auch gerne den Kuchen an und zeigte der Prinzessin den Weg zu ihrer Schicksalsfrau.

»Dort gehst du den Eselspfad entlang, über die Hügel,
und inmitten des Dickichts wirst du dein Schicksal
finden.«

Prinzessin Unglücklich bedankte sich artig und ging los,
und wirklich, mitten im Dickicht hinter den Hügeln fand
sie ihr Schicksal. Aber es war keine wunderschöne Fee,
wie die Schicksalsfrau von Francesca, sondern eine
grässliche alte Hexe, zerlumpt und mit verfilztem Haar.
Die arme Prinzessin zitterte bei ihrem Anblick, aber sie
nahm sich zusammen und sagte tapfer: »Du bist mein
Schicksal, und ich bringe dir diesen Kuchen und bitte
dich, ihn anzunehmen.«

Aber die Alte fing an zu keifen: »Weg damit, verschwinde,
ich will keinen Kuchen von dir!« und warf mit einer trocke-
nen Wurzel nach ihr.

Da legte ihr die arme Prinzessin den Kuchen vor die Füße
und ging traurig nach Hause, wo sie Francesca alles
erzählte.

»Mach dir nichts draus«, tröstete die Amme das Mädchen, »es wird uns schon noch das Richtige einfallen, um
dein Schicksal zu besänftigen.«

Am nächsten Tag ging Francesca in die Stadt und kaufte Kamm und Bürste und duftende Seife, ein seidenes
Kopftuch und ein schönes neues Kleid. Dann buk sie
noch einen Kuchen, packte alles zu einem Bündel und
sagte zur Prinzessin: »Damit gehst du zu deiner Schicksalsfrau, und ob sie nun will oder nicht, du wäschst sie,
kämmst sie und kleidest sie neu ein. Natürlich wird sie

kratzen und beißen, dich beschimpfen und versuchen,
sich mit allen Mitteln zu widersetzen, aber lass dich
nicht beirren, sei stark und setze dich durch; das wird
ihr gefallen, auch wenn sie's nicht zugibt. Und wenn sie
sauber und ordentlich dasteht, dann überreiche ihr den
Kuchen und bitte sie, dir einen neuen Namen zu geben.«
Prinzessin Unglücklich nahm das Bündel und zog los.
Noch immer saß die alte Hexe im Dickicht, sabberte und
schmatzte, und als sie das Mädchen sah, bedachte sie
es mit bösen Schimpfworten. Aber Prinzessin Unglücklich nahm all ihren Mut zusammen und ließ sich nicht
verschrecken. Sie fing an, der schreienden, um sich
schlagenden Alten die Fetzen vom Leib zu reißen und sie
zu waschen. Es war ein harter Kampf, aber je sauberer
die Hexe wurde, desto besser benahm sie sich auch, und
schließlich stand sie in strahlender Schönheit vor ihr.
Das stumpfe, dreckiggraue Haar war zu leuchtendem
Gold geworden, die Wangen rosig, und sogar ein Lächeln
stand jetzt auf ihrem Gesicht.
Die Prinzessin machte einen tiefen Knicks und sagte:
»Meine gute Schicksalsfrau, ich bitte dich, nimm doch
den Kuchen von mir an.«
Da lachte die Schicksalsfrau, nahm den Kuchen und biss
hinein.
»Und ich bitte dich auch«, sagte Prinzessin Unglücklich
noch, »gib mir einen neuen Namen.«
»So, so« sagte die Schicksalsfrau, »das ist es also, was
du von mir willst! Aber weil du dir so viel Mühe mit mir

gegeben hast, will ich dir deinen Wunsch erfüllen. Dein
Name soll von nun an Fortuna sein. Und hier hast du
noch ein Taufgeschenk, nimm es und geh in Frieden.«
Überglücklich dankte die Prinzessin ihrer Schicksalsfrau,
nahm das kleine Kästchen an sich und lief nach Hause
zu Francesca, um ihr alles zu erzählen.
Die Amme freute sich mit Fortuna, küsste und herzte
sie, und dann sahen beide in das Kästchen, das die
Schicksalsfrau dem Mädchen geschenkt hatte. Doch es
war nichts drin als eine goldene Tresse.
Es ergab sich aber, dass der Fürst, bei dem Francesca
arbeitete, am nächsten Tag einen wichtigen Staatsgast
erwartete und eine große Parade abnehmen sollte. Als
er seine prächtige Uniform anlegte, fehlte gerade ein
solches Stück Tresse. Der Fürst war außer sich. »So
kann ich mich doch nicht in der Öffentlichkeit zeigen!«
sagte er und befahl, bei allen Schneidern des Landes
nach so einer Tresse zu fragen. Aber keiner hatte die
passende. Da erinnerte sich Francesca an die Tresse
in Fortunas Kästchen, und sie ließ nach dem Mädchen
schicken, sie solle mit dem Kästchen ins Schloss
kommen.
Tatsächlich, die Tresse passte genau zur Uniform des
Fürsten. Und plötzlich hatte er gar kein Interesse mehr
daran sondern nur noch Augen für das liebreizende
Mädchen.
»Wer bist du?« fragte er erstaunt, denn er hatte sie
vorher noch nie gesehen.

»Ich bin die jüngste Tochter des Königs von Spanien«,
sagte sie. »Bis gestern hieß ich noch Prinzessin Unglücklich, aber jetzt hat mir mein Schicksal einen neuen
Namen gegeben, und ich heiße Fortuna.« Und dann erzählte sie dem Fürsten alles, was ihr seit dem Tag, an
dem ihr Vater gefangen genommen wurde, geschehen
war.

Da war das Unglück endgültig bezwungen. Der Fürst ließ
die drei Schwestern und die Kramersleute kommen und
beglich den Schaden, der in ihrem Hause angerichtet
worden war. Dann rüstete er sein Heer und zog los, den
König von Spanien aus der Gefangenschaft zu befreien
und mit ihm sein Land zurückzuerobern, und als dies
geglückt war, bat er den König um Fortunas Hand.
Von da an lebte die Prinzessin glücklich an der Seite
ihres Mannes, und die alte Amme Francesca kümmerte
sich liebevoll um die vielen hübschen Kinder, die die junge
Fürstin nach und nach zur Welt brachte.

Sizilianisches Volksmärchen

Zwei Prinzessinnen
im Unglück

Stellt man dieses Märchen neben das vorangegangene chinesische Märchen, wird sofort klar, warum es der einen Prin-

zessin gelingt, ihr schlimmes Schicksal zu bewältigen, während die andere, nennen wir sie der Deutlichkeit halber Prinzessin Amy, geradezu wie im Morast darin versinkt. Amy gibt die Verantwortung für ihr Schicksal ab und damit sich selbst auf. Die Prinzessin Unglücklich dagegen beschließt, ihr Leben in die Hand zu

> **Eine wichtige Botschaft der Märchen: Vertraue darauf, dass du Hilfe bekommen wirst, wenn du sie wirklich brauchst.**

nehmen und zieht los – dabei ist es egal wohin, Hauptsache ist, sie setzt die Dinge in Bewegung. Dass sie später die Hilfe ihrer Amme benötigt, um ihr Glück zu finden, schmälert ihre »Verdienste« keineswegs. Das ist ja eine der wichtigsten Botschaften, die Märchen immer wieder an uns weitergeben: *Vertraue darauf, dass es Hilfe geben wird wenn du sie wirklich brauchst, und nimm diese Hilfe an.*

Hilfe annehmen, das ist etwas, das wir in den letzten Jahrzehnten mehr und mehr verlernt haben. Viele Menschen »kochen ihr eigenes Süppchen«, jagen ihrem ganz persönlichen vermeintlichen Glück nach und setzen Ellenbogen ein, um Karriere zu machen. Da bleiben andere schon mal auf der Strecke – aber was macht's? Man muss schließlich sehen, wo man bleibt.

Auch das Wort Danke kommt immer schwerer über unsere Lippen, es scheint, als ob es geradezu als Zeichen von Schwäche gesehen wird, Danke sagen zu müssen. Dabei können wir uns doch glücklich schätzen, wenn wir einen Mentor finden, einen, der uns in seine Obhut nimmt und uns ein Stück an seiner Lebenserfahrung teilhaben lässt.

Wenden wir uns wieder dem Märchen zu. Während wir von Prinzessin Amy nichts weiter über den Grund ihres andauern-

den Unglücks erfahren, verrät uns das Märchen von Prinzessin Unglücklich einiges mehr. Da heißt es zu Beginn, dass der
Vater in einen Krieg verstrickt wird und die Mutter mit ihren
sieben Töchtern fliehen muss. Beziehen wir diese Aussage
direkt auf die Psyche der Protagonistin, wird deutlich, dass in
ihrem Innersten die männliche und die weibliche Qualität
gewaltsam entzweit wurden. Die männliche Qualität steht für
eine lebensbejahende Aggressivität und das, was nach außen
hin wirkt und in die Welt getragen wird. Das weibliche Prinzip nehmen wir als bewahrendes, nährendes, liebendes Potenzial wahr. Wir alle, ob Männer oder Frauen, verfügen
über beide Qualitäten – mehr oder weniger ausgeprägt –
und wenn sie sich in einem harmonischen Gleichgewicht be-
finden, wirkt sich das bereichernd auf unser Leben aus.

Aber in unserem Märchen wird das Ganze auseinander gerissen. Jetzt befindet sich das Männliche in der Gefangenschaft außer Kontrolle geratener Aggressivität, das Weibliche
darbt in völliger Verarmung und seiner Lebenskraft beraubt
dahin. Dies ist ein Zustand, den wir oft bei pubertierenden
Jugendlichen beobachten können, aber auch bei Erwachsenen, die sich in ihrer Kindheit nicht beiden Elternteilen zuwen-
den durften oder konnten, und in denen darum eines dieser
beiden Prinzipien verkümmern musste.

Wenn Märchenhelden unterwegs sind, geht es immer um
einen Prozess der Selbstfindung, des Heil- und Ganzwerdens.
Meist müssen sie nach dem suchen, was ihnen fehlt, hier
scheint es aber in erster Linie einmal darum zu gehen, sich
selbst überhaupt wahrzunehmen. Denn bevor die Prinzessin

das Haus der Mutter verließ, war ihr ja noch gar nicht klar, welch schlimmes Schicksal auf ihr ruht. Sie muss sich also aus dem mütterlichen Bereich loslösen, um sich überhaupt kennen lernen zu können, als die, die sie ist und muss sich des Verdrängten bewusst werden. Erst dann wird sie auch fähig sein, sich und ihr Schicksal zu wandeln.

Prinzessin Unglücklich und die drei Schwestern

Drei Schwestern, die fleißig spinnen, weben und klöppeln – dieses Motiv erinnert an die drei Moiren oder die dreifaltige Göttin aus alten Mythen. Auch sie spinnen ja fortwährend an Schicksalsfäden und wirken aus ihnen das »Tuch des Lebens«. Und wenn eine noch klöppelt, dann könnte das bedeuten, dass sie sich mit den Feinheiten des Lebens beschäftigt.

Im Haus der Schwestern wird alles Lebendige erschaffen. Hier wohnen die Charaktereigenschaften der Prinzessin, die Positives bewirken könnten, wenn sie nicht gestört würden durch das Dunkle, Zerstörerische in ihr, das »schlechte Schicksal«. Zu Anfang des Märchens stand dieses schlechte Schicksal nur als Behauptung im Raum, und es hätte sich noch zeigen können, dass sich die alte Zigeunerin mit ihrer Weissagung getäuscht hat. Aber jetzt wird Prinzessin Unglücklich mit ihrer Schicksalsfrau konfrontiert und sieht sich einer bösen Hexe gegenüber, die ungewaschen, verfilzt und sabbernd, nichts anderes im Sinn hat, als zu zerstören.

Das destruktive Wirken der Schicksalsfrau steht im krassen Gegensatz zum kreativen, schöpferischen Potenzial der drei Schwestern. Tritt sie auf, wird nichts mehr verknüpft, erstellt, zusammengefügt, sondern nur noch zerschnitten und auseinander gerissen. Aber nicht nur das, was bisher erschaffen wurde und im Keller lagert, sondern auch die Prinzessin selbst befindet sich in großer Gefahr, als sie sich der wütenden Hexe entgegenstellt. Die Schicksalsfrau ist zweifellos bereit, mit Prinzessin Unglücklich in gleicher Weise zu verfahren, wie mit den Stoffen – das ist ein Bild tiefster innerer Zerrissenheit, der die Prinzessin kaum noch Herr werden kann, und die in einer psychotischen Reaktion zu gipfeln droht. Andererseits ist gerade diese »lebensgefährliche« Auseinandersetzung mit den dunklen Seiten ihrer Psyche der Beginn ihrer Rettung. Wäre sie im Hause ihrer Mutter in vermeintlicher Sicherheit geblieben, hätte sie diese widerstreitenden Kräfte in ihrem Inneren nicht kennen gelernt, und so hätte sie auch keine Möglichkeit gehabt, sich mit ihnen auseinanderzusetzen und sie letztlich zu überwinden.

Die Probleme der Prinzessin drohen in einer psychischen Reaktion zu gipfeln.

Im Haus der Krämerin und bei der Amme

Während es im Haus der drei Schwestern um das Lebensgefüge an sich ging, geht es im Haus der Krämerin um die existenziellen Dinge, die zum Überleben nötig sind, dargestellt durch Nahrung und Wein. Auch hier erscheint das Dunkle in Gestalt der Hexe und zerstört was gebraucht würde fürs Glück, und Prinzessin Unglücklich wird aufs Neue verjagt.

Inzwischen scheint sie am Ende ihrer Kraft angelangt zu sein und nahe dran, sich aufzugeben, denn sie bleibt neben einem Bach (Wasser ist immer ein Symbol für Liebe und Fruchtbarkeit, also ein Lebenssymbol) ohnmächtig liegen.

Aber fast immer kommt im Märchen gerade dann, wenn man glaubt es geht nicht mehr, doch noch Rettung. Es ist ein Ausdruck von Hoffnung und Zuversicht, ohne die wir nicht durchs Leben kommen könnten. Das Märchen sagt: Wir dürfen vertrauen und werden gehalten, und so macht es uns Mut, mehr an das Gelingen zu glauben, als an das Misslingen.

Die Amme ist, wie auch die Königin, die drei Schwestern und die Krämersfrau, als mütterlicher Aspekt zu sehen. Während jedoch die Königin selbst eher blass wirkt, schwach und hilflos ihrer neuen Lebenssituation ausgesetzt ist und keinen Weg aus der Armut finden kann (sie erinnert an Prinzessin Amys Mutter), zeigt sich die Amme als tatkräftig und dem Leben gewachsen. Francesca war ja auch nicht einfach die Kinderfrau der Prinzessin gewesen, sondern ihre Nährmutter. Sie steht also für die starke, zuverlässige, nährende Seite der Mutter. Bei ihr findet Prinzessin Unglücklich endlich, was sie braucht, um ihr schlimmes Schicksal zu überwinden – Rückhalt, Geborgenheit, mütterliche Wärme und eine starke Frau als Vorbild. Auf eine reelle Lebenssituation übertragen könnte ein glückloser, innerlich zerrissener Mensch vielleicht durch die Begegnung mit einer mütterlichen Person die fehlende Beziehung zur eigenen Mutter als Erfahrung nachgeholt haben, wodurch sich der positive Mutterarchetyp manifestieren und die Person Anschluss an diese Qualitäten in ihrem Innersten finden konnte. Ohne das Wirken dieses positiven Mutterarchetyps im Innersten können wir das, was wir erleben und mit uns tragen, nicht zu etwas werden lassen, was uns hält und nährt.

Die Amme strahlt Ruhe und Zuversicht aus. Sie überstürzt auch nichts, sie lässt wachsen. »Es wird uns schon etwas einfallen, das dir hilft, dein schlimmes Schicksal zu besänftigen«, sagt sie, und bis dahin will sie es sein, die sich um die Unglückliche kümmert.

Nähren
und Pflegen

Dass die Amme das Mädchen schließlich mit einem Kuchen zu ihrer Schicksalsfrau schickt, ihr also anträgt, sie zu nähren, ist ein Motiv, das wir bereits in den Sagen und Bräuchen der alten Griechen finden. Dort wurde schon bei der Geburt eines Kindes den Moiren (Schicksalsfrauen) Brot und Salz geopfert, und geizte man hierbei oder vergaß es ganz, konnte es sein, dass die Moira dies dem Kind durch ein schlimmes Schicksal dankte.

Auch aus unseren Haus- und Kindermärchen kennen wir das Motiv des Nährens – das bekannteste Beispiel ist wohl Dornröschen. Hier wurde die dreizehnte Fee nicht zum Festmahl eingeladen, was dramatische Auswirkungen auf das Leben der Prinzessin zur Folge hatte.

Aber so leicht ist die Schicksalsfrau der Prinzessin Unglücklich nicht zu besänftigen. Ein einziger Kuchen, ein bisschen Flehen hilft da nichts. Diesem ersten Versuch, das Schicksal zu wenden, fehlt einfach noch die Überzeugungskraft. Wer sein Schicksal verändern will, braucht einen enormen Willen, muss sich ganz sicher sein, dass er sein vorgenommenes Ziel auch wirklich erreichen will. Kein Alkoholiker kann den Entzug durchstehen, wenn er es nur ein bisschen möchte, kein Krebspatient wird seine Krankheit besiegen, wenn er nicht sicher ist, dass er überhaupt weiterleben will – und so muss also das Mädchen unverrichteter Dinge wieder nach Hause gehen, muss sich noch einmal sammeln, muss seine Kraft bündeln.

Im zweiten Versuch, das schlimme Schicksal zu überwinden, wird dann dem Nähren das Pflegen hinzugefügt, und die Amme trägt der Prinzessin an, ihren ganzen Willen zu mobilisieren. Denn nur dann wird sie die alte Hexe (das Dunkle in sich) so weit bezwingen können, dass sie überhaupt bereit ist, sich nähren und pflegen zu lassen.

Nähren und Pflegen, was versteht man in diesem Fall darunter? Die Antwort weiß der Volksmund: Wer satt ist, ist zufrieden heißt es, und wer sich achtet, pflegt sich. Nähren und Pflegen hat also etwas mit Zufriedenheit und Selbstachtung zu tun.

Aber Nähren und Pflegen steht hier auch als Synonym für sich einlassen und auseinandersetzen, sich zuzuwenden. Nur wenn wir uns mit dem, was verdrängt war, ganz und gar vertraut

gemacht haben, es annehmen als Teil von uns und es einbe-
ziehen in unser Leben, können wir das, was uns schadet, in
etwas verwandeln, was uns nützt und hilft.

Der neue Name
und die Heirat mit dem Fürsten

Selbstverständlich gehört zu einer gelungenen Verwandlung
auch ein neuer Name, denn er ist ja Omen, und in diesem
Fall ein schlechtes. Prinzessin Unglücklich kann so nicht mehr
heißen, weil es ihr nicht mehr entspricht. Der Name Fortuna
(Glück) ist nun Ausdruck ihres neuen Schicksals. Und die Schicksalsfrau sorgt auch dafür, dass er sich sofort bewahrheitet.
Die Goldtrasse, ihr Taufgeschenk, ist das Bindeglied zur männlichen Qualität, die ja mit dem König gleich zu Anfang des
Märchens verloren ging. Jetzt verbinden sich das männliche
und das weibliche Prinzip wieder zu einer Einheit, und auf
diese Weise ganz geworden, kann auch das Glück wieder
einziehen. Die alten Schulden der Prinzessin werden ausge-
löst, das Reich des Vaters zurückgewonnen, die eigene Hochzeit kann gefeiert werden.
Hochzeit feiern gilt im Märchen immer als Erhöhung – zum
einen, weil die Verbindung zwischen Mann und Frau als Symbol von Fruchtbarkeit zu sehen ist, zum zweiten darf man
nicht vergessen, dass zu Zeiten, in denen unsere Märchen
entstanden, nur eine Ehe schließen durfte, wer begütert und
von Stand war. Wenn also ein Mann Gatte, eine Frau Gattin

wurde, war das immer auch ein Zeichen gesellschaftlicher Anerkennung.

Dass aus Prinzessin Unglücklich Fortuna werden konnte hat also mit ihrem Mut, sich mit ihren verdrängten Seiten zu konfrontieren, mit ihrem Glauben an sich selbst und ihrem Überlebenswillen zu tun. Weil sie ihr Leben in die Hand nahm, statt es wie Prinzessin Amy aus der Hand zu geben und tatenlos auf ihr Glück zu warten, konnte die Verwandlung gelingen.

Der Traum vom vermeintlichen Glück

»Sei vorsichtig mit dem, was du dir wünschst«, heißt es, »denn es könnte in Erfüllung gehen!«

Eine Familie im Nachbardorf hat mehr als fünf Millionen Mark im Lotto gewonnen. Es waren fleißige einfache Leute, die einen landwirtschaftlichen Betrieb führten, und sich nie im Leben etwas leisten konnten. Jetzt bezahlten sie ihre Schulden ab, machten eine bescheidene Reise (sie waren noch nie im Ausland gewesen), kauften der studierenden Tochter ein tolles Auto und bauten an ihr Haus an. Alles schien in bester Ordnung, und viele beneideten sie um ihr Glück.

Nun hätte alles gut sein können, doch der Neid der anderen ließ sie zu Außenseitern werden.

Einige Monate später traf ich die Frau und fragte sie, wie es ihr geht. Aber ganz gegen meine Erwartung begann sie zu klagen. Sie erzählte, dass ihre Tochter das tolle Auto wieder verkauft hat und sich ein unscheinbares zugelegt, denn sie

wurde von ihren Kommilitonen wegen des Wagens nur an-
gefeindet. Sie selbst und ihr Mann wurden ständig »ange-
pumpt« oder von offiziellen Seiten um Spenden gebeten. Und
andere Leute wiederum gingen ihnen aus dem Weg oder
redeten plötzlich schlecht über sie.

»Dabei haben wir doch gleich zu Anfang ein Drittel des Gel-
des an eine gemeinnützige Organisation gespendet«, sagte
die Frau, »und im Übrigen sind wir doch dieselben geblieben, die wir vorher waren. Aber alle tun so, als wären wir
fremd geworden oder gehörten nicht mehr zu ihnen!« Und
dann sagte sie noch: »Ich wünschte, wir hätten nur 100.000
Mark gewonnen, damit hätten wir die Schulden für die Ma-
schinen bezahlen können und noch ein kleines bisschen für
uns gehabt.«

Diese Bemerkung ließ mich an ein Märchen von Ludwig Bechstein denken, in dem es ebenfalls darum geht, dass weniger
unter Umständen mehr sein kann, denn wie viel wir an Glück
bewältigen können, hängt immer auch von den Umständen
ab, in denen wir leben.

DIE DREI GABEN

Es war einmal ein armer Leinweber, zu dem kamen drei reiche Studenten. Und als sie sahen, dass der Mann sehr arm war, da schenkten sie ihm hundert Taler in seine Wirtschaft. Der Leinweber freute sich sehr über diese Gabe, gedachte sie gut anzuwenden, wollte aber noch eine Zeit lang seine Augen an den blanken Talern weiden. Daher sagte er seiner Frau, die nicht zu Hause gewesen war, nichts von seinem Glück und versteckte das Geld dort, wo niemand es vermuten würde, nämlich in den Lumpen.

Als er einmal auswärts war, kam ein Lumpensammler, und die Frau verkaufte ihm den ganzen Vorrat für einige Kreuzer. Da war groß Herzeleid, als der Leinweber heimkam und seine Frau ihm erfreut das für die Lumpen gelöste wenige Geld zeigte.

Ein Jahr später kamen die drei Studenten wieder und hofften, den Leinweber nun in guten Umständen zu treffen. Doch sie fanden ihn noch ärmer als zuvor, und er klagte ihnen sein Missgeschick. Mit der Ermahnung, vorsichtiger zu sein, schenkten sie ihm abermals hundert Taler. Nun wollte er's recht klug machen, sagte seiner Frau wieder nichts und steckte das Geld in den Aschentopf. Und da ging's gerade wieder so wie das vorige Mal. Die Frau vertauschte die Asche an einen Aschensammler gegen ein paar Stückchen Seife, als gerade ihr Mann wieder abwesend war, irgendeinem Kunden bestellte

Leinwand abzuliefern. Als er wiederkam und den Aschen-handel erfuhr, wurde er so böse, dass er seine Frau mit ungebrannter Asche laugte.

Ein weiteres Jahr verging, und die Studenten kamen zum dritten Male, fanden den Leinweber fast in Lumpen ge-kleidet und sagten, indem sie ihm ein Stück Blei vor die Füße warfen: »Was nutzt der Kuh Muskate? Dir Tropf Geld zu schenken wäre dümmer, als du es selbst bist. Zu dir kommen wir auch nicht wieder.« Damit gingen sie ganz ärgerlich fort, und der Leinweber hob das Stück Blei vom Boden auf und legte es auf's Fensterbrett.

Bald darauf kam sein Nachbar herein, der war ein Fi-scher, bot Guten Tag und sprach: »Lieber Nachbar, habt Ihr nicht etwa ein Stückchen Blei oder sonst was Schweres, das ich an mein Netz binden könnte? Ich habe nichts dergleichen.« Da gab ihm der Leinweber das Stückchen Blei, der Nachbar bedankte sich herzlich und sagte: »Den ersten großen Fisch, den ich fange, den sollt ihr zum Lohne haben!« »Schon gut, es ist nicht drum!«, sprach der zufriedene Leinweber.

Bald darauf brachte der Nachbar wirklich einen hüb-schen Fisch von vier bis fünf Pfund, und der Leinweber musste ihn annehmen. Dieser schlachtete alsbald den Fisch, und sah erstaunt, dass derselbe einen großen Stein im Magen hatte. Den Stein legte der Leinweber wieder auf das Fensterbrett. Abends, als es dunkel wur-de, fing der Stein an zu glänzen, und je dunkler es wurde, desto heller leuchtete der Stein, wie ein Licht.

»Das ist ein wohlfeile Lampe«, sagte der Leinweber zu seiner Frau. »Willst du sie nicht vermöbelieren, wie du die zweihundert Taler vermöbeliert hast?« Und legte den Stein so, dass er die ganze Stube erhellte.

Am folgenden Abend ritt ein Herr am Hause vorbei, erblickte den Glanzstein, stieg ab und trat in die Stube, besah den Stein und bot zehn Taler dafür. Der Weber sagte: »Dieser Stein ist mir nicht feil!«

»Auch nicht für zwanzig Taler?« fragte der Herr.

»Auch nicht«, antwortete der Leinweber. Der Herr aber fuhr fort zu bieten und zu bieten, bis er auf ganze tausend Taler kam, denn der Stein war ein kostbarer Diamant und noch viel mehr wert. Jetzt schlug der Weber ein und war der reichste Mann im Dorfe.

Nun hatte die Frau das letzte Wort und sagte: »Siehst du, Mann! Wenn ich das Geld nicht zweimal mit fortgegeben hätte! Das hast du doch nur mir zu danken!«

nach Ludwig Bechstein

Auch das nächste Märchen, das ich vorstellen möchte – es ist ein Märchen von Hans Christian Andersen und damit ein sogenanntes Kunstmärchen – greift das Thema vom vermeintlichen Glück auf. Es erzählt mit Humor davon, dass wir irgendetwas für das einzig wahre und erstrebenswerte Glück halten und davon träumen, es zu erlangen, obwohl wir gar

nicht beurteilen können, ob es tatsächlich *unser* Glück sein
würde.

DIE GLÜCKLICHE
FAMILIE

Das größte grüne Blatt hierzulande ist doch jedenfalls
das Klettenblatt; hält man eins vor seinen Leib, so ist
es wie eine Schürze, und legt man es auf seinen Kopf, so
ist es bei Regenwetter beinahe so gut wie ein Regen-
schirm, denn es ist außerordentlich groß! Niemals
wächst eine Klette allein; wo eine wächst, wachsen auch
mehrere, es ist eine wahre Pracht! Und all diese Pracht
ist Schneckenkost.

Die großen weißen Schnecken, aus denen vornehme Leute in alten Tagen Frikassee bereiten ließen und, wenn sie
es gegessen hatten, sagten: »Hm! Wie das schmeckt!« –
denn sie glaubten nun einmal, dass es vorzüglich gut
schmecke – die lebten von Klettenblättern, und darum
wurden Kletten gesät.

Nun gab es einen alten Herrenhof, wo man keine Schnecken mehr aß. Die waren ausgestorben, aber die Kletten
wuchsen und wuchsen über alle Gänge und alle Beete.
Man konnte mit ihnen nicht mehr fertig werden; es war
ein ganzer Klettenwald. Hier und da stand ein Apfel-

oder Pflaumenbaum, sonst hätte man wohl niemals gedacht, dass dies ein Garten sei. Alles war Klette – und
darin wohnten die beiden letzten uralten Schnecken.
Sie wussten selbst nicht, wie alt sie waren; aber sie
konnten sich sehr gut erinnern, dass sie viel mehr gewesen, dass sie von einer Familie aus fremden Landen
stammten und dass für sie und die Ihren der Wald
gepflanzt worden war. Sie waren nie herausgekommen,
doch sie wussten, dass es noch etwas in der Welt gab,
das »der Herrenhof« hieß, und dort wurde man gekocht,
und dann wurde man schwarz und auf eine silberne
Schüssel gelegt, aber was dann weiter geschah, das
wussten sie nicht. Wie das übrigens ist, wenn man gekocht und auf eine silberne Schüssel gelegt wird, konnten sie sich nicht vorstellen, aber herrlich sollte es sein
und besonders vornehm! Weder Maikäfer, noch Kröten
oder Regenwürmer, die sie darum befragten, konnten
Bescheid geben, denn keins von ihnen war je gekocht
worden oder auf eine silberne Schüssel gelegt.
Die alten, weißen Schnecken waren die vornehmsten in
der Welt, das wussten sie. Der Wald war nur ihretwegen
da, und der Herrenhof dazu da, dass sie gekocht und
auf eine silberne Schüssel gelegt werden konnten.
Sie lebten nun sehr einsam und glücklich, und da sie
selbst keine Kinder hatten, hatten sie eine kleine gewöhnliche Schnecke zu sich genommen, die sie wie ihr eigenes Kind erzogen. Allein der Kleine wollte nicht wachsen, denn er war eine gewöhnliche Weinbergschnecke;

aber die Alten, besonders die Schneckenmutter, meinte doch zu bemerken, dass er zunehme, und sie bat den Vater, wenn er es nicht sehen könne, so solle er doch nur das kleine Schneckenhaus befühlen; und dann betastete er es und fand, dass die Mutter recht hatte.

Eines Tages war starker Regen.

»Hör, wie es tromme-romme-rommelt auf den Klettenblättern!« sagte der Schneckenvater.

»Da kommen auch schon die Tropfen!« sagte die Schneckenmutter. »Es läuft ja gerade am Stiel herunter! Du wirst sehen, es wird gleich nass werden. Ich freue mich nur, dass wir unsere guten Häuser haben und dass der Kleine auch das seine hat! Es ist doch wirklich mehr für uns geschehen als für alle anderen Geschöpfe; man sieht es doch recht deutlich, dass wir die Herrschaften in der Welt sind! Wir haben von Geburt an Häuser, und der Klettenwald ist unseretwegen gesät! Ich möchte wissen, wie weit sich der erstreckt, und was draußen ist.«

»Außerhalb desselben ist nichts«, sagte der Schneckenvater, »besser als bei uns kann es nirgend sein, und ich wüsste nicht, was ich mir anderes wünschen sollte.«

»Ja!« sagte die Mutter. »Ich möchte wohl auf den Herrenhof kommen, gekocht und auf eine silberne Schüssel gelegt werden, das ist mit all unseren Vorfahren geschehen, und du kannst glauben, dass es etwas ganz Besonderes für sich hat!«

»Der Herrenhof ist vielleicht eingestürzt«, sagte der

Schneckenvater; »oder der Klettenwald ist darüber hin-
weggewachsen, sodass die Menschen nicht mehr he-
rauskommen können. Es hat ja auch gar keine Eile mit
dem Gekocht-werden, aber du eilst immer so entsetz-
lich, und der Kleine fängt das nun auch schon an. Ist er
nicht in drei Tagen den Stängel hinaufgekrochen. Ich bekomme wirklich Kopfweh, wenn ich zu ihm hinaufsehe.«
»Du musst nicht schelten!« sagte die Schneckenmutter.
»Er kriecht ja recht besonnen, wir werden gewiss viel
Freude an ihm erleben; und wir Alten haben ja nichts
anderes, wofür wir leben. Aber hast du denn auch
schon darüber nachgedacht, wo wir eine Frau für ihn
herkriegen? Glaubst du nicht, dass sich dort weiter
in den Klettenwald hinein noch ein paar von unserer Art
aufhalten?«
»Schwarze Schnecken werden wohl da sein, denke ich«,
sagte der Alte, »schwarze Schnecken ohne Haus, aber
die sind zu ordinär, und doch bilden sie sich etwas ein.
Aber wir könnten den Ameisen den Auftrag geben; die
laufen hin und her, als ob sie Geschäfte hätten; die
wissen gewiss eine Frau für unsern kleinen Schneck!«
»Ich wüsste allerdings die Schönste«, sagte eine der
Ameisen, »aber ich fürchte, dass es nicht angeht, denn
sie ist Königin!«
»Das schadet nichts!« sagten die Alten. »Hat sie ein
Haus?«
»Sie hat ein Schloss!« sagte die Ameise, »das schönste
Ameisenschloss mit siebenhundert Gängen!«

»Vielen Dank!« sagte die Schneckenmutter. »Unser
Sohn soll nicht in einen Ameisenhügel. Wisst ihr nichts
besseres, so geben wir den weißen Mücken den Auftrag; die fliegen weit umher im Regen und Sonnenschein; die kennen den Klettenwald von innen und
außen.«

»Wir haben eine Frau für ihn!« sagten die Mücken.
»Hundert Menschenschritte von hier sitzt auf einem
Stachelbeerbusch eine kleine Schnecke mit Haus, die
ist ganz allein und alt genug, sich zu verheiraten. Es
ist nur hundert Menschenschritte von hier!«

»Ja, lass sie zu ihm kommen!« sagten die Alten. »Er
hat einen Klettenwald, sie hat nur einen Busch.«
Und nun holten sie das kleine Schneckenfräulein. Es
dauerte acht Tage, bis es kam; aber das war ja eben
das Besondere dabei, denn daran sah man, dass es
von der rechten Art war.

Dann hielten sie Hochzeit. Sechs Johanneswürmchen
leuchteten so gut sie konnten; sonst ging es ganz still
zu, denn die alten Schneckenleute konnten das
Schwärmen und die laute Fröhlichkeit nicht vertragen.
Aber eine herrliche Rede wurde von der Schneckenmutter gehalten. Der Vater konnte nicht sprechen, er war
zu sehr gerührt, und dann gaben sie ihnen als Erb-
schaft den ganzen Klettenwald und sagten, was sie
stets gesagt hatten, dass er das Beste in der Welt
sei, und dass sie, wenn sie rechtschaffen und ehrbar
lebten und sich vermehrten, dereinst mit ihren Kindern

nach dem Herrenhof kommen, schwarz gekocht und
auf eine silberne Schüssel gelegt werden.

Und als die Rede gehalten war, krochen die Alten in ihr
Haus hinein und kamen niemals mehr heraus; sie schlie-
fen. Das junge Schneckenpaar regierte nun im Walde und
bekam eine starke Nachkommenschaft. Da es aber
niemals gekocht auf die silberne Schüssel kam, so
schloss es daraus, dass der Herrenhof eingestürzt und
dass alle Menschen in der Welt ausgestorben seien. Und
da niemand ihnen widersprach, so musste es ja wahr
sein. Der Regen fiel auf die Klettenblätter, um für sie
Trommelmusik zu machen, die Sonne schien, um dem
Klettenwald ihretwegen eine schönere Färbung zu geben;
und sie waren sehr glücklich, und die ganze Familie war
glücklich, und sie waren es wirklich.

Hans Christian Andersen

Dieses Märchen von der ganz und gar glücklichen Schne-
ckenfamilie, die es für die Krönung des Lebens hält, schwarz-
gekocht und auf eine silberne Schüssel gelegt zu werden,
macht neben der Frage, was Glück eigentlich ist, noch etwas anderes, sehr wesentliches deutlich – nämlich, dass
Glück oder Unglück im Kopf beginnt, so wie sich alles, was
mit Gefühlen zu tun hat, vor allem in unseren Köpfen ab-
spielt.

Nicht die Dinge selbst, sondern nur unsere Vorstellung darüber machen uns glücklich oder unglücklich, sagte in diesem Sinne auch Epiktet, ein griechischer Philosoph der Antike.

Hier ein Beispiel:

Zwei Menschen betrachten eine Blume. Der eine ergießt sich in Schwärmereien über Farbe und Form, sagt zu guter Letzt, sie sei das Schönste, was er je zu sehen bekommen habe.

Der andere zuckt verständnislos die Schultern. Weder Farbe noch Form noch sonst etwas gefällt ihm an dieser Blume. Die Blume selbst aber stört das eine so wenig wie das andere. Sie ist einfach, was sie ist. Eine Blume.

Auch die Welt ist wie sie ist. Was wir daraus machen, wie wir sie sehen, liegt ganz allein an uns und an dem, was in unserem Kopf vor sich geht.

Es kam einmal eine Frau in mein Haus. Wir standen beide im Esszimmer. Ich hatte ihr den Rücken zugekehrt und schrieb etwas auf. Plötzlich hörte ich ein seltsames, raschelndes Geräusch und drehte mich abrupt um, denn ich hatte den Verdacht, dass mein Hund sich an ihrer Tasche zu schaffen machte. Es war aber nicht mein Hund, sondern sie selbst, die etwas suchte. Also wendete ich mich wieder meiner Schreibarbeit zu. Ein paar Tage später erhielt ich einen bitterbösen Brief von dieser Frau, in dem sie mich bezichtigte, ich hätte sie in Verdacht gehabt, etwas von meinem Tisch stehlen zu wollen, denn nur so konnte sie sich mein abruptes Umdrehen erklären.

Wir nehmen etwas wahr und interpretieren es gemäß unserer eigenen Erfahrung und Vorstellung.

Wir nehmen etwas wahr und interpretieren es gemäß unserer eigenen Erfahrung und Vorstellung. So projizieren wir unsere Gedanken auf die Welt und auf das Verhalten anderer Personen. Unsere Interpretation muss aber keineswegs mit den Gegebenheiten übereinstimmen.

Wer dies erkannt hat, wird vielleicht etwas vorsichtiger mit anderen Menschen umgehen und nicht so schnell behaupten, er wüsste schon wie die Dinge liegen. Und wenn er klug ist, wird er sich auf der Suche nach dem Glück das Wissen darum, dass sich die Dinge hauptsächlich im Kopf abspielen, zunutze machen – so wie die Frau, die ein »Freudentagebuch« schreibt oder der sprichwörtliche Optimist, für den das Glas eben nicht schon halbleer sondern immer noch halbvoll ist.

Von der Versuchung, immer mehr zu wollen

Märchen zeigen uns all das über unser Innerstes, was man erst weiß, wenn man es ausgesprochen hat. Sie führen uns unsere Schwächen vor Augen und geben ihnen Gestalt. Darin liegt die Zauberkraft der Märchen.

Ich glaube, dass es der kleine Herr Kluck, der drei ganze Wagenladungen voller Schuhe durchlaufen musste, um Hans seine Wünsche zu erfüllen, mit jedem von uns schon einmal zu tun gehabt hat. Aber lesen sie selbst … .

HANS UND
HERR KLUCK

Es waren einmal zwei Brüder, die hießen Hans und Peter. Sie wollten ihrem Vater nicht länger zur Last fallen, sondern in die Welt ziehen und ihr Glück suchen. Als sie des Vaters Segen bekommen hatten, nahmen sie Abschied von allen, die sie kannten und wanderten los, geradewegs wohin ihre Füße sie trugen.

Des Abends kamen sie zu einem großen Schloss, das auf einer Anhöhe stand. »Hei«, dachten sie, »hier könnten wir um ein Nachtlager bitten.« und klopften an, aber niemand öffnete. Schließlich versuchten sie, das Tor aufzustoßen, und siehe da, es gab kreischend nach, und ein schöner großer Hof mit einem plätschernden Brunnen lag vor ihnen.

Durstig tranken sie von dem klaren Wasser, dann suchten sie im Schloss, ob sie nicht doch jemanden fänden. Tür um Tür drückten sie auf und durchschritten alle Räume, ohne jedoch eine Menschenseele zu entdecken. Auch waren die Zimmer vollkommen leer, keine Möbel, kein einziger Gegenstand in ihnen, nur in einer kleinen Kammer, ganz am Ende eines Flurs, entdeckten die Brüder eine Lade. Sie hofften, in ihr etwas zu Essen zu finden, aber als sie den Deckel anhoben, war nichts als ein Blatt Papier darin, und auf dem Papier standen nicht mehr als zwei Worte: Herr Kluck. Hans nahm das Blatt Papier in die Hand und las die Worte. Kaum hatte er sie ausgesprochen, stand auf einmal ein Männchen vor ihm, von Kopf bis Fuß in schwarzes Tuch gekleidet und nicht größer als zwei Ellen.

»Was steht zu Diensten?« fragte das Männchen.

Die Brüder waren von der plötzlichen Erscheinung zu Tode erschrocken. Sie ließen den Deckel der Lade zufallen und rannten so schnell sie nur konnten, durch alle Räume und Hallen hinaus auf den Hof, waren dabei heilfroh, dass hier das große Tor noch aufstand, und ihnen so die Flucht von diesem unheimlichen Ort möglich war. Sie wollten nur weg, weit weg, und rannten die ganze Nacht, bis sie gegen Morgen erschöpft in einen Heuhaufen sanken, wo sie schlafen wollten.

Doch bei ihrem hastigen Aufbruch hatte Hans den Zettel nicht wieder zurückgelegt sondern in die Tasche gesteckt, und als er nun hineingriff, um sein Sacktuch herauszuziehen, fand er ihn wieder und murmelte auch noch einmal die zwei Worte: »Herr Kluck.« — Und sofort war auch das Männchen wieder da und fragte: »Was steht zu Diensten?«

Diesmal behielten die Brüder ruhig Blut. »So ist das also?« dachten sie, und Hans probierte forsch drauf los, ob das mit den Diensten auch klappte. »Bring uns ein gutes Frühstück: Brot und Butter, Wurst und Käse, Schinken, und nicht zu vergessen: eine Flasche Wein für jeden von uns.«

Kaum hatte er die Worte ausgesprochen, stand das Gewünschte auch schon vor ihnen auf dem Boden, das

Männchen aber war verschwunden. Doch Hans brauchte nur die beiden Worte vom Zettel herunterzulesen: »Herr Kluck« – und schon hieß es wieder: »Was steht zu Diensten?«

So wünschten sich denn die beiden Brüder das Blaue vom Himmel: schöne Kleider, Pferd und Wagen, Essen und Trinken, Geld und Gold – nur Dienerschaft brauchten sie nicht zu erbitten, denn alles, was sie wollten, besorgte ja Herr Kluck.

Das war nun freilich ein schöneres und angenehmeres Reisen, als auf Schusters Rappen.

Nach einiger Zeit jedoch wurde dieses Leben dem einen der Brüder, dem Peter nämlich, zum Überdruss. Das Essen schmeckte ihm nicht mehr, das Fahren war ihm verleidet, er wollte keine fremden Menschen mehr kennen lernen, und selbst die wunderlichsten Bauten und grandiosesten Naturschönheiten konnten sein Herz nicht mehr berühren. Kurz – er hatte Heimweh.

Da ließ ihm Hans von Herrn Kluck einen großen Beutel Goldstücke aushändigen und ihn vor des Vaters Haus absetzen.

Hans selbst jedoch hatte noch lange nicht genug von seinem lustigen Wanderleben. Kein Berg, den er nicht besteigen, kein Meer, das er nicht befahren, kein Baudenkmal, das er nicht bewundern wollte. Wahrlich, Herr Kluck hatte zu tun mit ihm von früh bis spät.

Einmal aber kamen sie in eine Stadt, in der ein großer Trubel herrschte. Die Straßen waren voller Menschen,

Pferde und Fuhrwerke versperrten sich gegenseitig den Weg, Fahnen und Wimpel schmückten die Häuser, Musikanten spielten auf, und alle Wirtshäuser waren derart überfüllt, dass es nicht einmal Herrn Kluck gelang, eine ordentliche Unterkunft für seinen Herrn aufzutreiben, sondern dieser musste sich mit einer stickigen Bodenkammer begnügen.

Und warum das alles? Am nächsten Tag sollte ein Turnier abgehalten werden, und kein geringerer Preis winkte dem Sieger als des Königs einzige Tochter. Nicht wenig wurde aber auch verlangt. Nur, wem es gelang, einen goldenen Fingerring, der an einem Seidenfaden hin und her schwang, im Vorüberreiten mit der Lanzenspitze aufzufangen, danach einen Apfel aus purem Gold, den sich zwei Pagen gegenseitig zuwarfen, mit einem Speer aufzuspießen und dann auch noch den stärksten Mann aus des Königs Heer im Kampf zu besiegen, konnte Gemahl der Prinzessin werden.

Natürlich wollte auch Hans dabei sein und die Prinzessin zur Gemahlin bekommen. Also rief er nach Herrn Kluck. »Was steht zu Diensten?«

»Ich brauche ein Pferd, eine Rüstung und eine Lanze, mit der ich in den Ring treffen kann.« Sofort war Hans in eine kupferne Rüstung gekleidet, und als er vors Tor des Gasthauses trat, stand da Herr Kluck mit einem feurigen Rappen am Zügel und der gewünschten Lanze in der Hand. Hans bestieg das Pferd und ließ sich die Lanze reichen, dann sprengte er davon.

Als er auf dem Turnierplatz erschien, waren bereits alle anderen Bewerber an der Reihe gewesen, aber keinem war es gelungen, in den Ring zu treffen. Hans, mit seinem feurigen Hengst und seiner glänzenden Rüstung, erregte großes Aufsehen, alle sahen ihn voller Bewunderung an. Und als er schließlich seine Lanze anlegte, seinem Rappen die Sporen gab und wie ein Blitz nach vorne schoss, um den Ring mit der Lanzenspitze vom Faden zu holen, jubelte die Menge auf. Man hob ihn vom Ross und führte ihn vor die Königstochter, der er mit tiefer Verneigung das Schmuckstück reichte.

Lächelnd nahm die Prinzessin den Ring und steckte ihn dem fremden Ritter an den Finger. Natürlich erwartete sie, dass er sie nun zum Ball begleiten würde, aber Hans nützte einen unbeobachteten Augenblick, sprang auf seinen Rappen und sprengte davon. In einem nahen Waldstück brachte er das Tier zum Stehen und rief nach Herrn Kluck.

»Was steht zu Diensten?«

»Nimm mir Pferd und Rüstung ab, lege mir meine Kleider an und bringe mich zurück in meine Kammer.«

Am nächsten Tag sollte der Apfel aus purem Gold getroffen werden, was besonders schwer war, weil er ja glatt und hart war, und eine jede Lanze an ihm abrutschen musste. Diesmal besorgte Herr Kluck eine Silberrüstung, die glänzte wie der Mond, einen braunen Hengst und einen Speer, der scharf genug war, den Goldapfel zu durchbohren. Wieder kam Hans als letzter auf den Turnierplatz, und wieder hatte vor ihm keiner der Ritter die Aufgabe bewältigen können. Als die Menge Hans sah, ging ein Raunen durch aller Munde und alle sahen gespannt zu, wie der stolze Ritter lospreschte und dann auch schon, kaum dass man sehen konnte wie, der Goldapfel durchbohrt hatte.

Hans wurde vor die Königsloge gebracht, wo der König ihn beglückwünschte und die Prinzessin ihm ein wunderschönes Lächeln schenkte. Aber kaum ergab sich ein günstiger Augenblick, um sich abzusetzen, war er auch schon auf seinem stolzen Ross entkommen und ließ die erstaunte Menge hinter sich. Im Wald rief er nach Herrn Kluck, tauschte seine Rüstung gegen die Kleider und ließ sich in die Kammer bringen.

Am dritten Tage nun sollte der Kampf gegen den stärksten Mann aus dem Heer des Königs stattfinden. Es war ein riesiger Mohr – fast zweimal so groß und schwer wie Hans – der sich rühmen konnte, noch nie von jemandem besiegt worden zu sein.

»Herr Kluck!«

»Was steht zu Diensten?«

»Ich brauche eine Rüstung, ein Pferd und eine Lanze, mit der ich den Mohr aus dem Sattel heben kann.«

Kaum gewünscht, war auch schon alles parat.

Diesmal sprengte Hans in einer goldenen Rüstung zum Turnierplatz. Die Rüstung glänzte wie die Sonne selbst, und sein Hengst war schneeweiß. Wie an den Tagen vorher war es bis jetzt noch keinem gelungen, die Aufga-

be zu bewältigen, und so warteten alle schon gespannt
auf den geheimnisvollen fremden Ritter.

Als Hans heranritt, machte die Menge ehrfürchtig Platz.
Er gab seinem Pferd die Sporen, und schon beim ersten
Lanzenstoß lag der riesige Kerl im Sand.

Nun stand der König von seinem Platz auf, ging dem
Sieger entgegen, beglückwünschte ihn und nannte ihn
seinen Schwiegersohn. Dann setzte der Zug von
Rittern und Edelleuten sich in Bewegung, um gen Stadt
zu reiten, wo ein Festbankett geplant war. Hans,
die Prinzessin und der König ritten an der Spitze. Aber
kaum waren sie ein kleines Stück vorwärts gekommen,
machte Hans sich davon, dass unter den Hufen seines
Hengstes die Funken sprangen, und auch diesmal
gelang ihm die Flucht.

Der König aber war sehr aufgebracht, weil der fremde
Ritter wieder entkommen war und befahl, ihn im ganzen
Land zu suchen. So wurde nun jedes Haus in der Stadt
durchstöbert vom Boden bis zum Keller, und schließlich
kamen sie auch an die Herberge, in der Hans abgestie-
gen war.

»Hier suchen wir umsonst«, meinte einer von ihnen.
»Wird ein so stolzer, vornehmer Herr in einer solchen
Bettlerherberge hausen?«

»Gehen wir dennoch hinein«, entgegnete ein anderer,
»damit uns kein Vorwurf treffen kann.«

Sie durchsuchten alle Stuben, doch den sie suchten,
fanden sie nicht.

»Wohnt außerdem niemand mehr bei Euch?« fragten sie
den Wirt.

»Doch, in der Bodenkammer, ein armer Schlucker, der
wird es bestimmt nicht sein.«

»Nun, wir wollen ihn uns trotzdem ansehen.«

Also gingen sie hinauf. Hans saß am Tisch, und vor ihm
stand eine kleine Schachtel. Die sollte er öffnen, damit
man sehen konnte, was in ihr war. Hans wollte erst
nicht, aber es half nichts, man zwang ihn, und so entdeckten die Männer den goldenen Ring der Prinzessin
und wussten, dass Hans der tapfere Ritter war.

Jetzt half kein Sträuben mehr, er musste mit, und
schließlich hatte er ja auch nichts dagegen, dass er nun
die Prinzessin zur Frau bekommen sollte.

Am nächsten Tag wurde also die Hochzeit gefeiert, und
am Abend nahm Hans seinen Zettel aus der Tasche.

»Herr Kluck!«

»Was steht zu Diensten?«

»Bau mir einen Palast, doppelt so groß und prächtig wie
der meines Schwiegervaters ist!«

Als der König am nächsten Morgen aus dem Fenster
sah, traute er seinen Augen nicht. »Wem gehört denn
der prächtige Palast?« fragte er voller Verwunderung.

»Das ist meiner, ich habe ihn in der vergangenen Nacht
bauen lassen.«

Hans und die Prinzessin zogen also ein, und am Abend,
bevor sie zu Bette gingen, stand plötzlich und ganz
ungerufen Herr Kluck vor seinem Herrn.

»Seid Ihr zufrieden mit meinen Diensten?« fragte er.

»Äußerst zufrieden«, entgegnete Hans.

»Wollt Ihr mir zum Dank auch einen Gefallen tun?«

»Herzlich gerne!«

»So gebt mir den Zettel, auf dem mein Name steht!«

»Das bedeutet wohl«, dachte Hans, »dass er mir nicht mehr dienen will. Doch sei's drum! Was bedarf ich seiner noch, nun ich des Königs Schwiegersohn bin und Diener haben kann, so viel ich will?« Also holte er den Zettel hervor und reichte ihn Herrn Kluck.

Doch als die Jungvermählten am Morgen erwachten, lagen sie nicht in einem prachtvollen Himmelbett, sondern auf einem Heuhaufen unter freiem Himmel, und der Palast war verschwunden, und um sie herum standen allerhand Leute und lachten so laut, dass der König davon erwachte.

Er trat ans Fenster und erkannte, was die Ursache des Spottes war. Da erfasste ihn ein heilloser Zorn. Sofort ließ er die beiden vor sich bringen und gab Befehl, Hans zu fesseln und auf einen Ameisenhaufen zu werfen, weil er eine solche Schande über seine Tochter gebracht hatte.

Da lag Hans nun, konnte sich nicht rühren, und die Ameisen quälten ihn und brachten ihn halb an den Wahnsinn. Ein ums andere Mal rief er verzweifelt: »Herr Kluck!« Aber vergeblich, Herr Kluck ließ sich nicht mehr bitten.

»Hätte ich doch nur den Zettel nicht aus der Hand

gegeben!« dachte er, doch was half alles Klagen? Wie
es schien, war sein letztes Stündlein gekommen.
Plötzlich hörte er den Knall einer Peitsche, und das Ge-
trappel von Pferden erschütterte den Boden, auf dem er
lag. Und dann kamen drei große Wagen den Weg herauf,
die bis obenan gefüllt waren mit zerrissenem Schuhwerk.
Und wer schritt vorne neben dem ersten Wagen einher?
Es war Herr Kluck!

»Ach, Herr Kluck!« stöhnte Hans. »Welch ein Glück, dass
Ihr kommt. Ich bitte Euch, helft mir aus dieser entsetzli-
chen Lage!«

Aber das schwarze Männlein schüttelte den Kopf. »Es
ist vorbei mit meinen Diensten, ich habe dir genug gehol-
fen. Sieh nur all die Schuhe, die habe ich in deinen Diensten zerrissen«, sagte er und wollte weitergehen, doch
Hans hörte nicht auf zu betteln und zu bitten. »Wenn
ich denn schon sterben muss, so lasst mich wenigstens
vor meinem Tode noch einmal den Zettel küssen, durch
den ich so glücklich und so unglücklich geworden bin!«
»Den Gefallen kann ich dir tun«, antwortete der kleine
Mann, holte den Zettel hervor und hielt ihn dem armen
Hans an die Lippen. Doch der küsste ihn nicht, sondern
schnappte geschwind mit den Zähnen danach, kriegte
ihn zu fassen, hielt ihn mit dem Kinn fest und rief: »Herr
Kluck!«

»Was steht zu Diensten?« »Befrei mich aus meiner
Lage!« befahl Hans, und sofort geschah, was gewünscht.
»Und jetzt bestreiche mich mit einer Salbe, dass meine

Wunden heilen.« Auch das geschah. »Bringe mir den König her, und lege ihn gebunden in den Ameisenhaufen.« Schon lag der König da, und die Tiere fielen über ihn her, sodass er zu schreien und zu jammern anfing.

»Ihr seht nun, was Ihr mir angetan habt, Herr Schwiegervater – und aus welchem Grund? Weil ich ins Unglück geraten war. Hätte es Euch nicht besser angestanden, Euerem Schwiegersohn beizustehen in seiner Not? Doch es liegt mir fern, Gleiches mit Gleichem zu vergelten. Verzichtet auf die Regentschaft und ich befreie Euch aus Eurer Lage und will Euch in Ehren halten bis an Euer Ende.«

Gern versprach der König solches, wenn er nur wieder aus dem Ameisenhaufen durfte. Da ließ Hans eine Kutsche kommen und fuhr mit seinem Schwiegervater zum Schloss zurück. Hier wurden die Minister zusammengerufen, und der alte König entsagte feierlich dem Thron und ließ Hans zum König krönen.

Als der junge König am Abend in seinem Gemach alleine war, holte er noch einmal den Zettel hervor.

»Herr Kluck!«

»Was steht zu Diensten?«

»Du hast mir nun lange treu und redlich gedient, und ich will nicht, dass du noch weitere Schuhe in meinem Dienst zerreißt. Ich gebe dich frei. Doch musst du mir mit deinem Ehrenwort versprechen, dass du nichts tust, was mir schadet, und dass du mir alles belässt, was ich bisher durch dich erworben habe.«

Das versprach Herr Kluck, und da gab Hans ihm den
Zettel zurück und das schwarze Männchen verschwand
auf Nimmerwiedersehen.
Hans aber herrschte als König gerecht und weise,
sodass sein Land in Frieden lebte und er Herrn Klucks
Dienste auch gar nicht mehr benötigte.

Deutsches Volksmärchen

Zum Glück
gehört die Demut

Wir kennen sie alle, die Maßlosigkeit unserer Wünsche. Je
mehr Glück wir haben, desto fordernder werden wir. So kann
es sein, dass wir, unvorsichtig geworden, übers Ziel hinaus-
schießen und am Ende vielleicht alles verspielen. So wie Hans,
der schon ganz oben war und dann wieder ganz hinunter-
fiel, bis er im »Ameisenhaufen landete« und fast einen qual-
vollen Tod gestorben wäre. Dass er im letzen Moment doch
noch gerettet wurde, war allein seiner Kreativität, seiner Intel-
ligenz und natürlich auch seinem Glück in Person des Herrn
Kluck zu verdanken.
Sehen wir uns den Hans einmal an. Als junger, unerfahrener
Bursche, der das Leben kennen lernen will, verlässt er das
Elternhaus und zieht zusammen mit seinem Bruder los. Er
steckt voller Elan und ist bereit und auch stark genug, jedes

Abenteuer anzugehen, und so läuft er dann ja auch schnurstracks auf sein Glück zu. Kein Zagen und Zaudern, kein langes vergebliches Suchen – ganz klar, Hans muss den Zauberzettel finden, der ihm zu Herrn Klucks Diensten verhilft.

Kluck, das bedeutet wohl Glück, leitet sich vermutlich von dem mittelniederländischen Begriff *geluck* oder von dem englischen *luck* ab, und entwickelte sich dann im 12. Jahrhundert zu unserem Wort Glück. Herr Kluck jedenfalls, wie es scheint ein Wicht aus dem Reich der Elfen, ist zuständig für Hansens Glück, und Hans macht auch fleißig Gebrauch davon.

Der Bruder, wahrscheinlich der ältere von beiden, denn er repräsentiert die konservative, bodenständige Seite in diesem Märchen, hat nach einer gewissen Zeit des Auskostens genug und geht zurück nach Hause, wo er, nachdem er sich ja nun die Hörner abgestoßen hat, vermutlich sein Erbe antreten und eine Familie gründen wird. Er gibt sich mit dem kleinen, alltäglichen Glück zufrieden und fährt dabei wahrscheinlich nicht schlecht.

Hans allerdings ist aus »anderem Holz geschnitzt«. Er ist ehrgeizig und risikofreudig, ein bisschen auch ein »Luftikus« – er will mehr und womöglich gleich alles.

Und schnell wird klar, dass Hans mit Herrn Klucks Hilfe tatsächlich auch alles erreichen kann. Doch lässt uns dabei das Gefühl nie los, dass er sehr hoch spielt und irgendwann die Quittung für seine Vermessenheit erhalten muss.

Als er schließlich sogar die Prinzessin zur Frau bekommt, entspricht Hans ganz dem Bild des jugendlichen Helden auf dem Höhepunkt seiner Männlichkeit. Immer, in allen Mythen und Märchen, gehört dem jungen Helden nach der Vermählung für einen Moment die ganze Welt. Sie ist für ihn das Paradies, und er trägt in sich den Stolz eines jungen, erfolgreichen Erwachsenen. Das darf er jetzt auch genießen – aber dann muss er doch die Weisheit des wahren Selbst erlangen und lernen, dass Ruhm vergänglich und nur der Tod sicher ist.

Alte östliche Glaubenslehren sagten,

Einer Phase des Erfolgs sollte eine Zeit der Zurückgezogenheit und des Insichgehens folgen.

dass ein Mann seine Familie nach einer Phase des Erfolges vor Vergeltungsmaßnahmen des Schicksals schützen kann, indem er sich alleine in die Einsamkeit der Wildnis oder eines Klosters zurückzieht, um zu fasten und zu meditieren. Und auch in den altindischen Traditionen hieß es, dass dem weltlichen Leben der Ehe und des Alltags eine Zeit der Zurückgezogenheit und des »In-sich-gehens« folgen sollte. Wer Weisheit erlangen wollte, musste sich auch mit dem Tod und dessen Schwester, der Demut, beschäftigen.

Ganz genau so läuft es in unserem Märchen ab. Nur hat der Held nicht selbst den Weg des »In-sich-gehens« eingeschlagen, sondern er wurde von Herrn Kluck dazu gezwungen. Zum Glück! Denn ohne die Erfahrung der Demut und der eigenen Vergänglichkeit, die Hans im Ameisenhaufen machen musste, hätte er unmöglich ein guter König werden können. Ein Herrscher, der nur die Vermessenheit kennt, führt sein Volk ganz sicher ins Verderben.

Das wissen wir aus der Geschichte; man denke nur an Napoleon oder an die Zeit des 2. Weltkrieges.

Hans hat bis zu dieser Stelle im Märchen alles erlangt, wovon er geträumt hatte, und doch waren es nichts als Äußerlichkeiten, sonst hätte Herr Kluck es ihm nicht wieder nehmen können. Damit Hans wirklich reich (reif) und wirklich glücklich werden konnte, waren noch die Erfahrung des Spottes und der Demut nötig.

Auch Jesus musste auf seinem Weg ins »himmlische Königreich« ertragen, dem Spott ausgesetzt zu sein. So heißt es im Markus Evangelium:

Die Soldaten führten ihn in den Palast hinein, das heißt in das Prätorium, und riefen die ganze Kohorte zusammen. Dann legten sie ihm einen Purpurmantel um und flochten einen Dornenkranz; den setzten sie ihm auf und grüßten ihn: Heil dir, König der Juden! Sie schlugen ihm mit einem Stock auf den Kopf und spuckten ihn an, knieten vor ihm nieder und huldigten ihm. Nachdem sie so ihren Spott mit ihm getrieben hatten, nahmen sie ihm den Purpurmantel ab und zogen ihm seine eigenen Kleider wieder an.

Aus dem Mittelalter sind Spottrituale bekannt, die sich zum Teil noch an die Odinssage anlehnten, zum Teil aber auch mit dem Christentum verbunden waren. Die Odinssage lehrte, dass ein Selbstopfer am Galgen über die Auferstehung zur Erleuchtung führt.

Aus diesem Glaubensgefüge heraus entwickelten sich Bräuche der rituellen Demütigung und des rituellen Todes, die einerseits Teil des Initiationsweges verschiedener Glaubensbewegungen waren, andererseits wurden sie aber auch als Strafe für Gauner und Verbrecher angewendet. Man denke nur an den Schandpfahl, wo z. B. Schuldner, keifende Marktweiber oder Leute angebunden wurden, die sich kleinerer Vergehen schuldig gemacht hatten, und jeder der vorbei kam, durfte sie dann auslachen, beschimpfen und bespucken. Auch mit Landesverrätern wurde teilweise so verfahren. Vor der öffentlichen Hinrichtung band man sie an den Schandpfahl oder hing sie mit nur einem Fuß am Galgen auf, um sie so der Verspottung preiszugeben. Auf diesem Wege sollten die Betroffenen Demut üben und womöglich zu Gott zurückfinden.

Natürlich sind solche Bräuche aus unserer heutigen Sicht viel zu brutal und darum auch längst überholt. Das Wort Demut hat im Zusammenhang mit jeglicher Heilslehre, auch der des Christentums, aber nie an Bedeutung verloren.

Wenn wir von Demut sprechen, dann müssen wir dieses teilweise so negativ besetzte Wort zuerst einmal definieren. Unter Demut verstehe ich keinesfalls sich ducken, sein »Licht unter den Scheffel eines machtbeflissenen Anderen« stellen. Demut ist für mich ein Verneigen vor dem Göttlichen Prinzip und der Natur, das Achten und Ehren von Mensch und Tier, das Wissen um den eigenen Platz im Gefüge des Ganzen und das Kennen der eigenen Verantwortung.

So wird z. B. ein wirklich guter Chef sich immer um das Wohl seiner Arbeiter oder Angestellten bemühen, denn er weiß, dass ihre Arbeit dann am produktivsten ist, wenn es ihnen selbst gut geht. Ein Despot hingegen, der seine Leute zu kurz hält und ausbeutet, wird Hass ernten und betrogen und hintergangen werden.

Demut ist etwas, das wir im Herzen tragen und das uns mit Liebe und Achtung erfüllt.

Gehen wir zurück zu unserem Märchen:

Das Verspottet-werden durch die Leute und das anschließende Liegen im Ameisenhaufen ist also letztlich der Schlüssel zu Hansens vollkommenem Glück, denn es zeigt ihm, dass zur Macht die Demut gehört, zum Glück Bescheidenheit und zur Liebe die Achtung. Und tatsächlich hat man ganz am Ende des Märchens das Gefühl, sich einem reifen, weisen und gerechten Mann gegenüberzuwissen, der das Leben kennt, und auf den jederzeit Verlass ist.

Vom Glück
durch den Glauben

Während noch vor zehn, zwanzig und dreißig Jahren die Devise galt: »Hilf dir selbst, denn Gott hilft dir auch nicht!« scheinen in jüngster Zeit immer mehr Menschen zu dem Schluss gekommen zu sein, dass wir über unsere modernen »Götter« hinaus (Gott Wissenschaft, Gott Technik, Gott Konsum) auch einen Gott für die Seele brauchen, damit wir nicht vollkommen vereinsamen. Wir wenden uns wieder dem Glauben zu, weil wir in unserer hektischen Zeit einen Anker benötigen, einen Ort der Ruhe, des Trostes und der Geborgenheit.

Doch trotz aller Einsicht bleibt der Mensch beweissüchtig, und so macht die Wissenschaft auch vor Gott nicht Halt. Dr. D. A. Matthews, Professor an der Georgetown University (USA), hat sich auf die Spuren Gottes begeben und 325 einschlägige Studien von Wissenschaftlern aus aller Welt verglichen. Dabei hat er in über 75% dieser Studien Belege dafür gefunden, dass religiöser Glaube hilft, Krankheiten vorzubeugen, schneller wieder gesund zu werden und länger zu leben. So ergaben zum Beispiel die Untersuchungen an 91.909 Personen im US-County Washington, dass Kirchgänger zu 50% seltener als religiös Abstinente an Herzkranzgefäßen, zu 74% weniger an Leberzirrhose, zu 56% weniger an Lungenemphysemen erkranken und zu 53% weniger Selbstmord begehen.

Wissenschaftliche Untersuchungen ergaben, dass Menschen, die beten, gesünder sind und länger leben.

Der Grund hierfür ist, so Professor Matthews, bzw. die Teilnehmer an seiner Untersuchung, in der Tatsache zu suchen, dass beim Beten mehrere psychologische Komponenten zusammenfließen, die sich direkt auf den Körper auswirken: Man findet Mut, weil die Ohnmacht gegenüber dem Schicksal minimiert wird, findet zurück zu Vertrauen und Gelassenheit und bekommt Halt durch die Erfahrung von Beständigkeit, die einem Rituale vermitteln. Außerdem, und das sollte nicht unterschätzt werden, unterstützt das Gefühl, im Glauben an Gott und in der Geborgenheit einer Religionsgemeinde nicht alleine zu sein, die psychische Konstitution – und dies alles zusammengenommen bewirkt nachweislich eine Stärkung des Immunsystems und eine Aktivierung des Selbstheilungspotenzials.

Aber wie findet ein Mensch sein Glück in Gott? Was muss er tun, um glauben zu können?

Die Antwort ist so ernüchternd wie einfach: Es gibt kein Strickmuster, jeder muss diesen Weg für sich und auf seine ureigene Weise beschreiten und herausfinden, wohin er ihn führt.

Eins jedoch weiß ich ganz sicher – ein Glück durch Gott kann man weder erzwingen noch hat man irgendwie einen Anspruch darauf.

In diesem Zusammenhang fallen mir drei Menschen ein.

Bärbel ist evangelisch. Sie hat drei Kinder, ihr Mann ist Lehrer, sie selbst leitet die Gemeindebibliothek. Bärbel hält Seminare über natürliche Verhütung, arbeitet mit im Konfirmandenkreis, gestaltet Jugendgottesdienste im Freien, geht jeden Sonntag in die Kirche und ist auch sonst sehr, sehr engagiert im Glauben. Aber immer hat ihr Tun etwas Aufgesetztes und ist ihr Zeigefinger dabei warnend erhoben.

Helmut ist überzeugter Buddhist. Er verschwindet zweimal im Jahr für mindestens zwei Wochen in einem niederländischen buddhistischen Kloster und spricht sehr viel von Erleuchtung. Leider hat er massive Eheprobleme.

Reiner hat sich einem Kreis europäischer »Indianer« angeschlossen. Wenn er sich etwas aus der Natur aneignet – z. B. einen Apfel vom Baum pflückt, einen Stein aus dem Wald holt – dann hinterlässt er am selben Ort ein wenig Tabak, um Mutter Erde für das Entnommene zu danken. Außerdem beteiligt er sich etwa alle acht Wochen an einer »Schwitzhütte«, wo intensiv gebetet wird; für Mutter Erde, für sich, für andere. Bei seinen Arbeitskollegen aber ist er äußerst unbeliebt, weil er sich unkollegial verhält, jähzornig und »unausstehlich« ist.

Sie alle drei – ich kenne sie aus Seminaren – hoffen, durch ihre Hinwendung zum Spirituellen, ihr Glück zu finden. Aber bei allen dreien lässt mich das Gefühl nicht los, dass sie etwas erzwingen wollen. Ein Glück durch Gott, auf das sie glauben ein Anrecht zu haben, weil sie doch alles tun, was angeblich zu diesem Glück führt.

Ich kenne einen anderen Menschen, er heißt Karl, dem ich zum ersten Mal vor 26 Jahren begegnete, als er 14 Jahre alt und ich eine junge Frau war. Karl, in einer ganz normalen, ländlichen katholischen Familie aufgewachsen, hatte schon damals die Ruhe, die Ausstrahlung und das Selbstverständnis eines »Erleuchteten«. Wenn er über Gott sprach, meinte er nie einen katholischen, evangelischen, jüdischen, spezifisch männlichen oder sonst wie gearteten Gott. Er meinte eben GOTT, ohne Geschlecht und für alle da. Er trug den Glauben in sich, wie ein achtzigjähriger Weiser und lebte ihn, indem er musizierte und tanzte, las und studierte, liebte und da war, wenn man ihn brauchte.

Um deutlich zu machen, warum ich diese vier Beispiele bringe, möchte ich eine der vielen Rabbi-Geschichten nacherzählen, die ich irgendwo einmal gehört habe.

Einmal, des Nachts, wurden vier Rabbiner von einem Engel heimgesucht, der sie mit sich nahm und in den »siebenten Himmel« trug. Dort sahen die vier Rabbiner das Heilige Rad von Hesekiel mit eigenen Augen. Doch schon auf dem Rückweg zur Erde verlor der erste Rabbi seinen Verstand, denn sein Geist war so sehr von göttlichem Glanz geblendet worden, dass er nur noch wirres Zeug

reden konnte. Der zweite gab sich unbeeindruckt und verleugnete schlichtweg, was er im »siebenten Himmel« gesehen hatte, behauptete, es sei alles nur ein Traum gewesen. Der dritte wurde fanatisch, zog durch alle Städte des Landes, hielt überall Vorträge über den Sinn dessen, was er erlebt hatte und diskutierte mit anderen Gelehrten darüber. Der vierte Rabbiner aber wurde ein Dichter und verfasste eine Strophe nach der anderen, reimte hier ein Dankeslied über Mond und Sterne, dort über den Gesang der Vögel oder über sein neugeborenes Töchterchen, das seine Frau lächelnd im Arm wiegte. Nur er als einziger konnte das Glück, das er im »siebten Himmel« erfahren hatte, ertragen.

Es gibt eine Zen-Geschichte, in der ein Meister seinem Schüler erklärt, dass man vor der Erleuchtung Wasser tragen muss und nach der Erleuchtung Wasser tragen muss, dass sich also im äußeren Leben nichts verändert, man nicht besser ist als **Man kann Glauben nicht denken, man kann ihn nur leben.** andere oder einem sonst irgendwelche Verdienste zustehen.

Und Khalil Gibran lässt den Propheten sagen, dass man seinen Glauben nicht von seinen Taten trennen, seine Stunden nicht ausbreiten und sagen kann, dass diese für Gott ist und diese für einen selbst. Man kann Glauben also nicht denken, man kann ihn nur leben. Das Glück in Gott ist meist etwas

Leises, dafür aber Beständiges, immer gerade so viel spürbar, dass man den Mut und die Kraft findet, weiterzugehen. Es ist wie das Atmen, das funktioniert, ohne dass wir uns darüber bewusst wären oder nachdächten, wie wir es tun müssen. Und es wird, auch wenn es eine Reihe von Menschen gibt, die das anders sehen, nicht durch bedingungslosen Gehorsam gegenüber einer irdischen oder göttlichen Macht erreicht, sondern mehr durch das Ganz-sein vor sich selbst und vor Gott, wozu vor allem gehört, dass man sich wahrnehmen kann und darf als das, was man ist und nicht sein muss, wie andere vorgeben, dass man zu sein hat.

Das nächste Märchen, das ich hier vorstellen möchte, erzählt von so einem Jungen, der nicht sein durfte wie er war und darum immer wieder verstoßen wurde. Es ist ein Märchen von Ludwig Bechstein, neben den Brüdern Grimm einer der bekanntesten Sammler und Verfasser von Märchen und Sagen.

GOLDENER

Vor langen Jahren hat einmal in einem dichten Wald ein armer Hirte gelebt, der hatte sich ein bretternes Häuschen mitten im Wald erbaut, darin wohnte er mit seinem Weib und sechs Kindern, die waren alle Knaben. An dem Hause war ein Ziehbrunnen und Gärtlein, und wenn der

Vater das Vieh fütterte, so gingen die Kinder hinaus und brachten ihm zu Mittag oder zu Abend einen kühlen Trunk aus dem Brunnen oder ein Gericht aus dem Gärtlein.

Den jüngsten Knaben riefen die Eltern nur »Goldener«, denn seine Haare waren wie Gold, und obgleich der Jüngste, so war er doch der Stärkste von allen und auch der Größte. Sooft die Kinder hinaus in die Flur gingen, ging Goldener mit einem Baumzweige voran, und so folgten sie freudig eins hinter dem andern nach durch das dunkelste Dickicht, und wenn auch schon der Mond über dem Gebirge stand.

Eines Abends ergötzten sich die Knaben auf dem Rück-wege zum Vater mit Spielen im Walde, und Goldener hat-te sich vor allen so sehr im Spiele ereifert, dass er so hell aussah wie das Abendrot.

»Lasst uns zurückgehen«, sprach der Älteste, »es scheint dunkel zu werden.«

»Seht da, der Mond!« sprach der Zweite. Da kam es auf einmal licht zwischen den dunklen Tannen hervor, und eine Frauengestalt leuchtend wie der Mond, setzte sich auf einen der moosigen Steine, spann mit einer kristalle-nen Spindel einen lichten Faden in die Nacht hinaus, nickte mit dem Haupte gegen Goldener und sang:

»Der weiße Fink, die goldne Ros',
Die Königin im Meeresschoß!«

Sie hätte wohl noch weitergesungen, doch da brach ihr der Faden, und sie erlosch wie ein Licht. Nun war es ganz

Nacht, die Kinder fasste ein Grausen, sie sprangen mit kläglichem Geschrei, das eine dahin, das andere dorthin, über Felsen und Klüfte, und verlor eins das andere.

Wohl viele Tage und Nächte irrte auch Goldener in dem dunklen Wald umher, fand aber weder einen seiner Brüder noch die Hütte seines Vaters, noch sonst die Spur eines Menschen, denn es war der Wald gar dicht verwachsen, ein Berg über den andern gestellt und eine Kluft unter die andere.

Die Brombeeren, welche überall herumrankten, stillten seinen Hunger und seinen Durst, sonst wär er gar jämmerlich gestorben. Endlich am dritten Tage — andere sagen gar erst am sechsten oder siebenten Tage — wurde der Wald hell und immer heller, und da kam Goldener zuletzt hinaus auf eine schöne, grüne Wiese.

Da war es ihm so leicht um das Herz, und er atmete mit vollen Zügen die freie Luft ein.

Auf derselben Wiese waren Garne ausgelegt, denn da wohnte ein Vogelsteller, der fing Vögel, die aus dem Wald flogen, und trug sie in die Stadt zum Kaufe.

»Solch ein Bursche ist mir gerade vonnöten,« dachte der Vogelsteller, als er Goldener erblickte, der auf der grünen Wiese nah an den Garnen stand und in den weiten, blauen Himmel hineinsah und sich nicht satt sehen konnte.

Der Vogelsteller wollte sich einen Spaß machen, er zog seine Garne, und husch! war Goldener gefangen und lag unter dem Garne, ganz erstaunt, denn er wusste nicht, wie das geschehen war.

»So fängt man die Vögel, die aus dem Walde kommen«, sprach der Vogelsteller laut lachend, »deine roten Federn sind mir eben recht. Du bist wohl ein verschlagener Fuchs? Bleibe bei mir, ich lehre dich auch die Vögel fangen!«

Goldener war gleich dabei, ihm deuchte unter den Vögeln ein gar lustig Leben, zumal er ganz die Hoffnung aufgegeben hatte, die Hütte seines Vaters wiederzufinden.

»Lass erproben, was du gelernt hast«, sprach der Vogelsteller nach einigen Tagen zu ihm. Goldener zog die Garne, und bei dem ersten Zuge fing er einen schneeweißen Finken.

»Pack dich mit dem weißen Finken!« schrie da der Vogelsteller: »du hast es mit dem Bösen zu tun!« und so stieß er ihn gar unsanft von der Wiese, indem er den weißen Finken, den ihm Goldener gereicht hatte, unter vielen Verwünschungen mit den Füßen zertrat. Goldener konnte die Worte des Vogelstellers nicht begreifen, er ging traurig, doch getrost, wieder in den Wald zurück und nahm sich noch einmal vor, die Hütte seines Vaters zu suchen. Tag und Nacht lief er über Felsensteine und alte, gefallene Baumstämme, fiel auch gar oft über die schwarzen Wurzeln, die aus dem Boden überall hervorragten.

Am dritten Tage aber wurde der Wald endlich wieder heller, und da kam er hinaus in einen schönen, lichten Garten, der war voll der lieblichsten Blumen, und weil Goldener dergleichen noch keine erblickt, blieb er voll Bewunderung stehen. Der Gärtner im Garten erblickte ihn nicht so bald – denn Goldener stand unter den Sonnenblumen, und seine Haare glänzten im Sonnenschein nicht anders als so eine Blume – , als er sprach: »Ha! Solch einen Burschen hab ich gerade vonnöten!« und das Tor des Gartens schloss. Goldener ließ es sich gefallen, denn ihm deuchte unter den Blumen ein gar buntes Leben, zumal er ganz die Hoffnung aufgeben hatte, die Hütte seines Vaters wiederzufinden.

»Fort in den Wald!« sprach der Gärtner eines Morgens zu Goldener, »hol mir einen wilden Rosenstock, damit ich zahme Rosen darauf pflanze!« Goldener ging und kam mit einem Stock der schönsten goldfarbenen Rosen zurück, die waren auch nicht anders, als hätte sie der geschickteste Goldschmied für die Tafel eines Königs geschmiedet.

»Pack dich mit diesen goldnen Rosen!« schrie der Gärtner; »du hast es mit dem Bösen zu tun«, und so stieß er ihn gar unsanft aus dem Garten, indem er die goldenen Rosen unter vielen Verwünschungen in die Erde trat. Goldener konnte die Worte des Gärtners nicht begreifen, doch ging er getrost wieder in den Wald zurück und nahm sich nochmals vor, die Hütte seines Vaters zu suchen.

Er lief Tag und Nacht, von Baum zu Baum, von Fels zu Fels. Am dritten Tage endlich wurde der Wald hell und immer heller, und da kam Goldener hinaus an das blaue Meer; das lag in einer unermesslichen Weite vor ihm, die

Sonne spiegelte sich eben in der kristallhellen Fläche, da war es wie fließendes Gold, darauf schwammen schön geschmückte Schiffe mit langen, fliegenden Wimpeln.

Einige Fischer hielten in einer zierlichen Barke am Ufer, in die trat Goldener und sah mit Erstaunen in die Helle hinaus.

»Ein solcher Bursch ist uns gerade vonnöten«, sprachen die Fischer, und husch! stießen sie vom Lande. Goldener ließ es sich gefallen, denn ihm deuchte bei den Wellen ein goldenes Leben, zumal er ganz die Hoffnung aufgegeben hatte, seines Vaters Hütte wiederzufinden. Die Fischer warfen ihre Netze aus und fingen nichts.

»Lass sehen, ob du glücklicher bist!« sprach ein alter Fischer mit silbernen Haaren zu Goldener. Mit ungeschickten Händen senkte Goldener das Netz in die Tiefe, zog und fischte eine Krone von hellem Golde.

»Triumph!« rief der alte Fischer und fiel Goldener zu Füßen. »Ich begrüße dich als unsern König! Vor hundert Jahren versenkte der alte König, welcher keine Erben hatte, sterbend seine Krone in das Meer, und so lange, bis irgendeinem Glücklichen das Schicksal bestimmt hätte, die Krone wieder aus der Tiefe zu ziehen, sollte der Thron ohne Nachfolger in Trauer gehüllt bleiben.«

»Heil unserm König!« riefen die Fischer und setzten Goldener die Krone auf.

Die Kunde von Goldener und der wiedergefundenen Königskrone erscholl bald von Schiff zu Schiff und über das Meer weit in das Land hinein. Da war die goldene Fläche

bald mit bunten Nachen besetzt und mit Schiffen, die mit Blumen und Laubwerk geziert waren; diese begrüßten mit lautem Jubel alle das Schiff, auf welchem König Goldener stand. Er stand, die helle Krone auf dem Haupte, am Vorderteil des Schiffs und sah ruhig der Sonne zu, wie sie im Meer erlosch. Im Abendwinde wehten seine goldenen Locken.

nach Ludwig Bechstein

Vom langen Weg,
ein König zu werden

Goldener repräsentiert den Anteil in uns, der mit Talenten bestückt, vom Glück gesegnet und vom Schicksal begünstigt ist. Jeder Mensch trägt solche »Schätze« in sich, niemand ist ausschließlich vom Pech verfolgt oder hat überhaupt keine Talente. Es kann aber sein, dass Talente nicht erkannt werden und darum brach liegen oder andere Umstände eine Selbstverwirklichung blockieren.

Im Leben dieses Jungen läuft jedoch von Anfang an alles gut. Er wächst zwar in bescheidenen Verhältnissen, aber glücklich und in Geborgenheit auf. Es gibt auch keine Probleme mit den Eltern, und er liebt seine Brüder so sehr wie er von ihnen geliebt wird. Zwar erzählt das Märchen nichts über das Wirken der Mutter, und es gibt auch keine Töchter in dieser Familie, aber die fehlende weibliche Komponente wird offensichtlich durch den besonderen Schutz der »Großen Mutter« ausgeglichen, unter dem Goldener zu stehen scheint. Dieses ist der zukunftsweisenden Vision zu entnehmen, die bald schon ins Spiel kommt und ankündigt, dass für Goldener die Zeit im kindlichen Paradies ein Ende nimmt. Vermutlich ist er inzwischen ein junger Erwachsener, vierzehn Jahre vielleicht, ein Alter, das im Märchen als Grenze zwischen Kindheit und Erwachsenenleben gilt. Die Vision zeigt das Bild der »Großen Mutter«, die wir aus so vielen Märchen und Mythen kennen, die mit einer kristallenen Spindel einen lichten Faden aus Mondlicht spinnt und dazu ein Lied von dem singt, was sich ereignen wird.

Die Verbindung von Mond/Wasser und Mutter Gottheit reicht von unserer Zeit bis zu den Sumerern zurück.

Die Verbindung zwischen Mond/Wasser und Muttergottheit reicht von unserer Zeit (auch Marienbildnisse sehen wir ja oft mit einem Fuß auf dem Halbmond stehen, der wie eine Barke auf dem Wasser liegt, zudem bedeutet der Name Maria im Lateinischen »die Meere«) über die Antike bis zu den Sumerern und sogar noch weiter zurück.

Der Mond ist wie das Wasser ein urweibliches Symbol, das von Leben und Fruchtbarkeit zeugt. Denn alles Leben kommt ja aus dem Wasser, auf das der Mond direkten Einfluss hat. Er bewirkt z. B. Ebbe und Flut oder das Auf- und Absteigen der Säfte in Pflanzen und beeinflusst auch das Wetter. Er hat außerdem denselben Zyklus wie Frauen und nimmt zu und wieder ab wie eine Schwangere. So wird es keinen wundern, dass es ausgerechnet eine »mondlichtige Frauengestalt«

ist, die in unserem Märchen eine Wandlung ankündigt, die hinführt zu einem erfüllten, fruchtbaren Leben, »gekrönt« von Erfolg, Reichtum und Ehre.

Der Weg, den unser Märchenheld jetzt zu beschreiten hat, ist zwar mit Hindernissen gepflastert; man hat jedoch nie das Gefühl, dass er besonders kämpfen muss oder besonders leidet unter den Ungerechtigkeiten, die man ihm antut. Im Gegenteil, auch wenn das Verhalten seiner Kontrahenten ihn traurig macht, bleibt er trotzdem immer guten Mutes und trägt das Gottvertrauen in sich, dass alles schon werden wird.

Was passiert? Nachdem er beim Spielen von seinen Brüdern, die seine Kindheit repräsentieren, getrennt wurde, macht er sich *auf die Suche nach des Vaters Haus*. Aber natürlich kann er nicht mehr zurück nach Hause; im Märchen gibt es nie einen Weg zurück, es sei denn, der Held, die Heldin käme als »gemachter Mann« bzw. »gemachte Frau« wieder oder das Märchen beschäftigt sich ganz bewusst mit der Auswirkung regressiver Tendenzen. Mit dem Hinweis auf *die Suche nach des Vaters Haus* und das Zusammentreffen des Protagonisten mit solch väterlichen Figuren wie Vogelsteller und Gärtner scheint mir das Märchen vielmehr auf die Notwendigkeit der Auseinandersetzung mit dem Vaterthema hinzudeuten, die für eine Loslösung vonnöten ist.

Als erstes fängt Goldener einen weißen Vogel. Vögel stehen für die Seele, denn sie haben die Erdenschwere überwunden, bewegen sich zwischen Himmel und Erde und werden somit als Mittler zwischen Gott und der Welt gesehen. Sie versinnbildlichen auch das Gefühl von Freiheit, den Intellekt

und das sich Aufschwingen zu Neuem. Und genau das ist es
ja, was Goldener nun tut. Er löst sich aus der Geborgenheit
des Elternhauses, um sich selbst zu verwirklichen und erwachsen zu werden.

Aber der Vater steht ihm noch im Weg. Als Vogelsteller leitet
er ihn zwar einerseits an, indem er ihm ein Vorbild ist – »Schau,
Sohn, so macht man das, so wird man erwachsen und ein
Mann!« – aber schon im nächsten Moment bremst er ihn vollkommen aus. Einen ganz normalen bunten Vogel darf Goldener fangen, ja – aber einen weißen? Ein Albino, der als etwas Übernatürliches, Göttliches anzusehen ist? Nein, das kann
nicht mit rechten Dingen zugehen, das muss mit dem Bösen
zu tun haben.

Wie oft ist das zwischen Eltern und Kindern so, dass die
Töchter und Söhne sein sollen, wie Vater oder Mutter sind,
dass sie in deren Fußstapfen treten, deren Werte übernehm-
men und die Dinge auf dieselbe Art erledigen sollen, wie sie
es tun. Doch haben die Jungen neue Ideen oder ganz andere
Begabungen und Berufswünsche, kommen der Vater oder die
Mutter, reißen ihnen den »zarten weißen Vogel ihrer Vision«
aus den Händen und »zertreten ihn im Staub«. Oft im guten
Glauben, das Beste für sie zu tun, nicht ahnend, wie sehr sie
ihnen damit schaden und ihrer Entwicklung und ihrem Lebens-
glück im Wege stehen.

Die zweite Auseinandersetzung mit dem Väterlichen – diesmal
beim Gärtner – betrifft die Sexualität. Die Rose wird zwar
einerseits mit Begriffen wie Schönheit und »reiner Liebe« verknüpft, andererseits fließt aber auch Blut, wenn ihre Dornen

»stechen«, und das wiederum ist ein Symbol für den Verlust der Jungfräulichkeit und hat darum ganz klar eine erotische Komponente. Auch das »Brechen« der Blume wird mit dem Verlust der Jungfräulichkeit gleichgesetzt. Wenn der Gärtner also den Jungen schickt, einen »wilden« Rosenstrauch zu holen, dem er, der Gärtner-Vater, dann einen »kultivierten« aufpfropfen will, ist das derselbe Stoff, aus dem so große Dramen wie Romeo und Julia geschaffen wurden.

Goldener, völlig vertrauensselig und dem Väterlichen zugewandt, holt den Rosenstock und bringt, wie schon beim Vogelsteller, etwas viel Schöneres, als je ein Gärtner »züchten« könnte. Natürlich, denn er ist ja jung, ohne Vorurteile, und alles ist noch neu und außergewöhnlich für ihn! Und wieder wird ihm das streitig gemacht, wollen der Vater bzw. die patriarchale Gesellschaft ihm sagen, wie Lieben geht, wie Gefühle zu sein haben. So zerstört der Gärtner wie vorher schon der Vogelsteller, was Goldener in seine Welt einzubringen versucht, denn es ist so überwältigend, so wunderbar, dass es doch gar nicht anders zugehen kann als »mit dem Bösen«.

Selbstverständlich spielt in diesen beiden Szenen – beim Vogelsteller und beim Gärtner – auch eine ganze Menge Neid und Vater-Sohn-Rivalität mit. Was ich nicht habe, sollst du auch nicht haben. Was ich nicht kann, sollst du auch nicht können. Und so wird vernichtet, was lebt und blüht. Dabei hätten doch Vogelsteller und Gärtner durch den Jungen, der ihr Lehrling war und so unversehens zum Lehrmeister wurde, weil er über mehr Fantasie, Elan und Lebensfreude verfügte als sie (das Althergebrachte) und im Gegensatz zu ihnen im Kontakt zu seiner weiblichen Seite stand, selbst reich und glücklich werden können! So wie die Fischer durch Goldener reich und glücklich werden, weil sie das Neue, »Unvergorene« akzeptieren, das er in ihre führungslose, bereits im Sterben liegende Gesellschaft einbringt – man erinnere sich, es gibt ja keinen Erben, der das Angefangene weiterführen und verbessern könnte! Die Fischer nehmen an, was Goldener ihnen zu geben hat und machen ihn zu ihrem König.

Aber was hat es mit den Fischern nun eigentlich auf sich? Fische sind Tiere, die in den unergründlichen Tiefen des Wassers leben – Wasser wiederum ist die »Ursuppe«, das »Chaos«, aus dem alles Leben entstand. Indem Gott Wasser von Wasser und Wasser von Erde trennte, erschuf er die Welt, berichten sowohl die Bibel als auch Mythen vorchristlicher Kulturen. Fische sind außerdem seit Urzeiten ein Hauptnahrungsmittel der Menschen. Als ihre Wohnstadt beherbergen Meere und Flüsse unerschöpflichen Reichtum für uns, stellen aber durch ihre Urkraft auch eine beständige Todesgefahr dar. Hierauf bezieht sich also das Wirken der Fischer. Sie schöpfen aus dem Element Wasser, leben auf und von ihm, können bis zu einem gewissen Grad mit seinen Gefahren umgehen und kennen es besser als jeder andere. Darum stehen Fischer in Märchen, Mythen und Träumen meist für Weisheit und Erlösung.

Zusammen mit dem Fischer-Vater, der für Weisheit steht, und der »Königin im Meeresschoß«, die Goldener die Krone ins Netz gelegt hat und die das weibliche Prinzip verkörpert, kann er dieses unfruchtbare Land, das hundert Jahre keinen König hatte, nun erfolgreich regieren. Erfolgreich, das bedeutet nicht, dass es keine Fehlschläge geben wird in Goldeners Leben. Aber nie können Fehlschläge vernichtend wirken, wenn Kraft und Weisheit mit weiblicher Potenzialität ausgestattet sind.

Vom Mythos der romantischen Liebe

Keine Idee ist so fest verankert in unserer westlichen Gesellschaft, wie die der romantischen Liebe. Und keine ist so falsch und bringt so viel Leid über uns. So tief verwurzelt ist die Vorstellung in uns, dass wir glauben, die romantische Liebe sei die einzig wahre Liebe und die einzig mögliche Basis für eine Ehe oder eine tiefe Beziehung, und keine andere Form der Liebe könne neben ihr bestehen. So ist die romantische Liebe zum größten Energiesystem in der westlichen Psyche und zum Ersatz für verloren gegangene Religion geworden. Wir suchen in der romantischen Liebe Lebenssinn und Ekstase und im Du den Weg zur Ganzheit.

Die romantische Liebe wurde in den letzten 250 Jahren zum größten Energiesystem in der westlichen Psyche.

Schon sehr junge Paare, kaum den Kinderschuhen entwachsen, sind davon überzeugt »ganz automatisch« zu wissen, was eine Beziehung ist, wie sie geführt werden sollte, was man dabei zu fühlen hat und was die Liebe zu einem anderen Menschen ausmacht. Und das Bild, das sie dabei vor Augen haben, ist immer das Bild von der ewig währenden romantischen Liebe.

Dabei sind die Vorstellungen, mit denen wir die romantische Liebe behaften, ein Paket aus den widersprüchlichsten Idealen, Überzeugungen und Einstellungen, und das, was wir dem Liebes-Partner an Erwartungen auferlegen, ist von ihm über einen langen Zeitraum hinweg gar nicht zu erfüllen.

Dass die romantische Liebe der westlichen Gesellschaft ein großer Irrtum ist, können wir an den Scheidungsraten sehen. Jede dritte Ehe wird geschieden, noch viel mehr können als gescheitert betrachtet werden, und von denen, die halten, sind die meisten bereits zweite Ehen. Bei solchen zweiten Ehen kann man davon ausgehen, dass sich die Partner, aus Erfahrung klug geworden, »mit mehr Verstand« ausgewählt haben – was ja nicht bedeuten muss, dass das Herz dabei nichts mehr zu sagen hatte – und dass sie darum einfach auch mehr Bestand haben.

Versuchen wir einmal, die romantische Liebe zu definieren. Wenn sie uns begegnet, haben wir das Gefühl, endlich die Einsamkeit überwunden zu haben, endlich ganz geworden zu sein und das, was uns zur Vollkommenheit fehlt, im Anderen gefunden zu haben. Durch diese Liebe, glauben wir, hat sich uns der Sinn des Lebens offenbart, und wir erfahren eine Intensität des Seins, die uns mit der ganzen Welt und dem Göttlichen verbindet. Es kommt einer Erleuchtung gleich, und unser Herz ist weit und offen. Das ist für viele von uns die Erfahrung der »wahren Liebe«.

Aber dieses Gefühl ist keineswegs gleichzusetzen mit »jemanden lieben«, sondern es ist nichts anderes, als Verliebtheit. Und das Festhalten daran ist die ewige Forderung an den Partner, uns dieses wunderbare, intensive, ekstatische Gefühl zu verschaffen und uns *glücklich zu machen*.

Übrigens werden durch die »Verliebtheit« auch eine ganze Reihe chemischer Reaktionen in Gang gesetzt, die eine drogenähnliche Wirkung auf uns haben. Wen wundert es da noch, dass Verliebte sich im »Glücksrausch« wähnen und zuweilen recht seltsame Dinge anstellen? Und dass mancher Mensch geradezu »süchtig« nach Verliebtheit wird? Es ist ja tatsächlich mit einer Sucht gleichzusetzen, und nur die Vernunft kann bewirken, dass wir uns, sobald die übermächtigen Gefühle nachlassen, auf das besinnen, was der Partner und die Beziehung uns geben können.

In anderen Kulturen, in denen die romantische Liebe keine so große Rolle spielt, leben Paare im Allgemeinen sehr viel glücklicher miteinander, aber in unserer westlichen Vermessenheit, halten wir ihre Art der Liebe für minderwertig, zweitrangig, nicht wahrhaftig oder gar unbedeutend. Dabei übersehen wir, mit wie viel mehr Wärme und Würdigung sich diese Paare begegnen und mit wie viel Entfremdung, Frustration und Enttäuschung hingegen wir in unserem »Liebessystem« zurechtkommen müssen, weil unsere Erwartungen ganz einfach nicht zu erfüllen sind.

Trotzdem kommt es uns überhaupt nicht in den Sinn, dass etwas an unserem »Gebäude Liebe« nicht stimmen könnte. Wir suchen nach Schuldigen, machen den Partner für das

Scheitern unserer Traumvorstellung vom ewigwährenden Liebesglück im Sinne ewiger Verliebtheit verantwortlich und lassen uns scheiden. Scheidung, statt unsere Erwartungen und Forderungen, die wir an die Beziehung stellen, zu überprüfen, und gemeinsam mit dem Anderen nach einem neuen, gehbaren Weg für die Liebe Ausschau zu halten.

Statt bei uns selbst zu suchen und uns zu verändern, stürzen wir uns in eine neue Liebe.

ten. Statt bei uns zu suchen und uns selbst zu verändern, stürzen wir uns dann in eine neue »Liebe« und riskieren eine zweite, dritte und vierte »Enttäuschung« oder sogar eine oder mehrere neue Scheidungen.

Natürlich kann es sein, dass sich der Partner, den wir einmal gewählt haben, nicht in eine neue Form der Liebe einbinden lassen will. Dass er sich weigert, mitzuwachsen, an der Beziehung zu arbeiten, neue Perspektiven zu suchen. Dann ist eine Trennung vielleicht tatsächlich der einzige Weg.

Märchenhafte Liebe

Dass so viele Märchen mit einer grandiosen Hochzeit enden, hat, ganz entgegen der landläufigen Meinung, recht wenig mit romantischer Liebe zu tun. Die Hochzeit ist vielmehr Symbol der Vereinigung des Männlichen und des Weiblichen im Sinne von Ganzwerdung – das Selbst begegnet dem Du, verbindet sich mit ihm auf einer partnerschaftlichen Ebene und wird »erwachsen«. Das kann sowohl als psychischer »innerer« Prozess gesehen werden, als sich auch auf das äußere Leben beziehen.

Sehen wir uns einmal bei den »echten« Königinnen und Königen um. In früheren Kulturen (in manchen afrikanischen Völkern bis in unsere heutige Zeit hinein) war das Land im Besitz von Frauen, die als Vertreterinnen der Göttin auf Erden galten. Dieser Status konnte von einem Mann nur durch Heirat erlangt werden. Dieser alte Brauch spiegelt sich immer noch in unseren Märchen wider – ist ein Mann besonders stark, tapfer und kreativ, erhält er die Prinzessin und mit ihr das Königreich. Darauf bezieht sich auch der Begriff der heiligen Hochzeit (Hieros Gamos). Sie war nicht nur bei den Ägyptern, Babyloniern, Assyriern, Griechen und im alten Rom bekannt, sondern auch die britischen Könige aus vorchristlicher Zeit wurden erst durch einen Hieros Gamos mit der Königin zu Landesherrschern. Aus diesem Grunde finden sich in der Geschichte immer wieder für die heutige Zeit eher anrüchig wirkende Heiraten zwischen nahen Verwandten in königlichen Familien. So heiratete nicht nur Kleopatra ihren Bruder, sondern nahm z. B. Ethelbald, der König von Westsachsen, die Witwe seines Vaters zur Frau oder heiratete ein anderer Ethelbald, König von Kent, nach dem Tode seines Vaters seine Stiefmutter. Und dies nicht etwa, um der armen verwitweten Frau wieder einen Mann an ihre schwache Seite zu geben, wie uns schlechte Filme und manche Geschichtsbücher weismachen wollen, sondern um ihr Land zu bekommen. Solche Heiraten waren politisch zu betrachten und dienten alleine der Machterhaltung.

Dass die romantische Liebe bei uns einen so hohen Stellenwert bekam, hängt vor allem mit der Industrialisierung zusammen, die etwa vor 250 Jahren einsetzte und in unserer Gesellschaft eine so große Rolle spielt. Während bis dahin eine Familie eher mit einem wirtschaftlichen Betrieb zu vergleichen war, in dem alle Mitglieder, auch schon kleine Kinder, ihre Aufgaben hatten, um zum Erhalt aller beizutragen, wurde nun nach und nach der Familienvater zum alleinigen Ernährer, während die Mutter den Haushalt führte und sich um die Kinder kümmerte. Damit verschob sich das Machtgefüge in Richtung des Mannes, der vorher durchaus auch von Frau und Kindern abhängig war, und es fehlte plötzlich der »Kitt«, der Familien bis dato zusammengehalten hatte. Etwas Neues musste an den Platz des verlorengegangenen Alten treten – die romantische Liebe erhielt nach und nach ihren jetzigen Stellenwert. Nun blieb man beisammen, weil man sich »liebte« und nicht mehr, weil man wirtschaftlich abhängig voneinander war.

Glück durch
die Liebe

Keine zwei Begriffe sind so sehr miteinander verwoben wie Liebe und Geborgenheit.

»Dort, wo ich geliebt werde, bin ich zu Hause« heißt es, und auch der Umkehrsinn gilt: »Dort, wo ich liebe, bin ich zu Hause.« Sich »zu Hause zu fühlen«, das ist immer auch ein Synonym für Geborgenheit.

Zu Hause und geborgen zu sein in einer Liebe – ob nun zwischen Mann und Frau, Eltern und Kind, Gott und Mensch, Freunden oder in einer anderen Gemeinschaft – das ist bestimmt ein großes Geschenk, aber »geschenkt« wird es einem wohl nie. Liebes-Beziehungen sind genauso wie das Leben an sich einem steten Auf und Ab unterworfen und müssen in schlechten Zeiten aus-»gehalten« werden. Auch Verzeihen können, Mitfühlen, Nachgeben und den »Anderen-lassen-wie-er-ist« gehören zu einer funktionierenden Liebesbeziehung.

In diesem Sinne ist das folgende Märchen eines der wirklichen »Liebesmärchen«, obwohl es keine große Hochzeit gibt und auch nicht ein einziges Mal das Wort Liebe erwähnt wird. Es ist ein portugiesisches Volksmärchen.

DIE GESCHICHTE
VOM TÖLPELHAFTEN MANN

Es war einmal eine Frau, die war verheiratet mit einem sehr tölpelhaften Mann; und wenn er allein zu Hause war, so brachte er bald alles in Unordnung; und wenn er auf den Markt ging, so war er nicht fähig, vernünftig zu verkaufen oder einzukaufen. Eines Tages schickte ihn seine Frau auf den Markt, um einen Stoff zu verkaufen, und sie sagte zu ihm:

»Verkauf ihn nicht einem Mann oder einer Frau, die viel reden, denn die betrügen dich doch nur!«

Er ging also auf den Markt, doch da redeten sie ihm alle zu viel, und er sagte jedes Mal:

»Ihr bekommt ihn nicht, denn ihr redet viel.«

Und auf diese Weise verkaufte er den Stoff nicht. Er ging damit nach Hause zurück, kam an einer Kapelle vorbei und trat ein, um zu dem Heiligen zu beten. Da hörte er draußen ein Festgeläut. Er ließ den Stoff liegen und ging auf das Fest. Als er zurückkehrte, war sein Stoff gestohlen, und er wandte sich an den Heiligen und sagte zu ihm:

»Aha, du hast mir den Stoff abgekauft und wolltest nur nicht auf den Markt gehen, um keine nassen Füße zu bekommen! Nun gib mir auch das Geld dafür!«

Da der Heilige ihm das Geld nicht hinlegte, wurde der Mann böse auf ihn, gab ihm einen Schlag mit der Faust und stieß ihn vom Altar hinunter. In demselben Augenblick fielen fünf Heller von den Almosen, die man dem Heiligen gespendet hatte, herunter, und der Mann sagte:

»Gut, das ist die Bezahlung für den Stoff.«

Er nahm die fünf Heller, ließ den Heiligen, wo er war, und ging dann weg.

Als er zu Hause ankam, gab er seiner Frau die fünf Heller und erzählte ihr, was er erlebt hatte.

Später, als wieder Jahrmarkt war, schickte ihn die Frau fort, um zwei Dutzend Nadeln zu holen. Der Mann kam

vom Jahrmarkt zurück, und die Frau fragte ihn nach den Nadeln.

»Ja, weißt du, die Nadeln ...; ich traf da einen Wagen mit Mist, dessen Ochsen störrisch wurden; da fasste ich die Seitenbretter des Wagens an; nun konnte ich die Nadeln nicht mehr festhalten und warf sie in den Wagen und konnte sie nachher in dem Mist nicht wiederfinden.«

»Du bist verrückt, so etwas steckt man doch in seine Jacke.«

»Ja, ja, ganz recht. Das nächste Mal werde ich es so machen.«

Bald darauf schickte die Frau ihn zum Schmied, um Haken für das Ochsenjoch zu holen. Er nahm sie und steckte sie in seinen Anzug und machte ihn damit ganz kaputt. Die Frau schimpfte mit ihm:

»Mann, du bist verrückt; hast du wirklich die Jacke damit zerrissen?«

»Ja, wie sollte ich es denn sonst machen?«

»Na hör mal ... . So etwas trägt man doch in einem Bündel auf der Schulter.«

»Ja, ja, ganz recht, so werde ich es das nächste Mal dann machen.«

Nun schickte die Frau ihn los, ein Ferkel zu kaufen, und er kaufte das Ferkel; er packte es am Hals und warf es über die Schulter. Als er zu Haus mit dem Ferkel ankam, war es erstickt.

Da sagte die Frau: »Mann, in Gottes Namen! Was hast du nur gemacht! Du hast das Ferkel erstickt!«

»Wie soll man es denn anders machen?«

»Na, hör mal; das führt man doch an einem Strick und treibt es mit einem Stock an.«

»Ja, ja, ganz recht, das nächste Mal werde ich es so machen.«

Ein anderes Mal schickte ihn die Frau wieder auf den Jahrmarkt, um einen Krug zu kaufen. Er nahm den Krug, band einen Strick darum und zog ihn auf der Erde hinter sich her. Als er nach Hause kam, hing nur noch der Henkel an der Schnur. Als die Frau den Henkel des Kruges sah, sagte sie: »Mein Gott! Du bringst mich noch ins Grab! Du kommst nicht wieder auf den Jahrmarkt.«

»Ja, ja, dann geh du nur. Ich kann ja hier bleiben.«

Da ging die Frau nun auf den Markt, und vorher ermahnte sie ihn:

»Hör einmal, Mann! Du lässt die Ziegen nicht an das Maisfeld heran, du gehst nicht in den Keller und lässt das Fass auslaufen, du gehst auch nicht an den Napf, in dem Rauschgelb ist (aber in Wirklichkeit war Zucker darin), denn wenn du davon isst, stirbst du. Und pass gut auf die Henne mit den Küken auf, damit ihr nichts passiert!«

Die Frau ging auf den Markt. Kaum war sie aus dem Haus gegangen, da holte er sich ein gutes Stück vom Schinken und briet es. Dann holte er ein Glas Wein und verlor dabei den Stöpsel für das Fass; da steckte er stattdessen seinen Finger hinein und blieb so beim Fass stehen. In diesem Augenblick erschien sein Hund,

und er rief ihn herbei und steckte seinen Schwanz in das
Loch des Fasses, um es dicht zu machen. Nun wollte er
endlich das Fleisch essen und sein Gläschen Wein trinken. Da rief man nach ihm, weil die Ziegen in das Maisfeld gegangen waren. Er lief in den Keller und rief den
Hund, der rannte auf und davon und ließ das Fass auslaufen. Als der Mann wieder ins Haus zurückkehrte und
den Wein im Keller laufen sah, nahm er die Mehlsäcke
und verschüttete das Mehl auf den Boden, damit die
Frau den Wein nicht sehen sollte. Inzwischen war der
Fuchs gekommen und hatte die Henne aufgefressen.
Nun fing unser Mann zu weinen an.

»Herrgott! Was für Pech hab' ich doch! Was soll ich jetzt
nur tun?«

Da machte er sich an den Zuckernapf und aß davon, weil
er sterben wollte, denn er glaubte, es sei Rauschgelb.
Und da es so süß schmeckte, aß er alles auf. Schließlich
ging er an eine Kiste und fand ein Stück Honig. Auch
das aß er auf, weil er glaubte, dass er dann noch eher
sterben würde, und weil er nicht die Schelte der Frau
hören mochte, wenn sie zurückkäme. Aber allmählich
merkte er, dass er daran gar nicht starb. Er ergriff eine
Keule zum Flachsschlagen und begann, sie in die Luft zu
schleudern, um sich mit ihr zu töten; und als er sie nun
in der Luft sah, floh er in die andere Ecke. Als er merkte,
dass er an all dem nicht starb, ging er an das Hühner-
nest um die Eier auszubrüten; und da saß er nun:
»Gluck, gluck … .«

Und so fand ihn die Frau:

»Oh, Mann!«

»Gluck, gluck … .«

So sah sie ihn, wie er die Eier ausbrütete; sie schalt ihn sehr und sagte zu ihm:

»Geh weg da, mein lieber Narr!«

Und dann schlossen sie Frieden miteinander, und sie verzieh ihm.

Portugiesisches Volksmärchen

Vom ersten Moment an hat mich diese Geschichte fasziniert. Auf die tausendfach gestellte Frage: »Was ist Liebe?« gibt dieses Märchen eine ganz schlichte und gerade darum so ergreifende Antwort. Ein einziger Satz genügt, um die völlig verfahrene Situation aufzulösen: Und dann schlossen sie Frieden miteinander, und sie verzieh ihm.

Selbstverständlich könnten wir die Struktur dieser Partnerschaft untersuchen, könnten komplizierte psychologische Ratschlä-

Und dann schlossen sie Frieden miteinander, und sie verzieh ihm.

ge erteilen, Ehetherapeuten zu Rate ziehen. Sie würden darauf hinweisen, dass die Frau an den Ereignissen genauso viel Schuld hat, denn sie hat ihrem Mann ja geradezu angetragen, ihre Befürchtungen wahr zu machen. Sie würden die Angst des Mannes zur Sprache bringen, nicht zu genügen und ein Versager zu sein: eine Angst, die ihn schließlich beinahe in den

Wahnsinn treibt – das Märchen eröffnet dem wachsamen Beobachter viele Einblicke! Aber egal, aus welcher Perspektive man es auch betrachtet, immer weist der letzte Satz auf die fast schon erschreckend einfache Lösung hin: *Und dann schlossen sie Frieden miteinander, und sie verzieh ihm.*

Wer einen Partner, Eltern, Freunde hat, mit denen eine Beziehung auf dieser Basis klappt, dem kann im Leben nichts passieren, worüber er nicht hinwegkommen könnte. Wo Wärme, Gelassenheit, Verzeihen wirken, wird eine Beziehung von Glück getragen sein.

Ich habe es schon einmal weiter vorne erwähnt: Glück oder Unglück beginnen fast immer im Kopf. Ein sehr schönes Beispiel für diese Behauptung gibt uns das folgende afrikanische Märchen.

DER
UNGLÜCKLICHE HIRTE

Es war einmal ein Sudanese, der hütete die Kamele seines Herren. Aber sein Herr hatte ihm nichts zu Essen mitgegeben, darum hatte er immerzu Hunger. Eines Tages jedoch fand er an einer verlassenen Feuerstelle gekochten Brei und etwas Brot. Dazu fing er eine Gazelle und fand auch noch ein Straußenei. Die Gazelle legte er

unter den Milchtopf, das Straußenei daneben, dann sah er alles an und dachte so bei sich: »Wer kann bloß so viel essen?«

Im selben Moment stand ein weibliches Kamel auf, das sich zuvor niedergekniet hatte. Der Hirte nahm den Milchtopf, unter dem die Gazelle lag, um das Kamel zu melken. Da sprang die Gazelle auf und lief davon. Der Hirte nahm das Straußenei und warf damit nach dem flüchtenden Tier, aber er verfehlte es, und das Ei zerbrach an einem Stein. Inzwischen hatte das Kamel die Milch ausgetrunken, das Brot und der Brei waren verbrannt, und der unglückliche Hirte hatte wieder nichts zu Essen.

Afrikanisches Märchen

»Der Ärmste ist vom Pech verfolgt«, könnte man sagen, »das Schicksal stand gegen ihn!« Aber wer genau hinsieht, wird feststellen, dass er selbst es war, der für sein Pech gesorgt hat.

Das Unglück fing mit dem Gedanken an: »Wer kann bloß so viel essen?« In diesem Moment hat er ganz tief drinnen beschlossen, das, was ihm »zugefallen« ist, nicht zu nehmen. »Es ist zu viel für mich, ich verdiene es nicht, ich will lieber weiterleiden«, mag sein unbewusstes »Programm« lauten. Und er ließ die Gazelle laufen, warf das Ei kaputt, ließ den Brei anbrennen. Hätte er das, was ihm das Schicksal zugeführt hat, wirklich annehmen wollen, hätte er gedacht: »Ich danke Gott für dieses Glück und esse so viel ich kann!« – und alles wäre anders gekommen.

Nicht annehmen können trennt uns vom Glück. Menschen, die in ihrer Kindheit die Erfahrung gemacht haben »es ist nicht genug für mich da!« werden unter Umständen diese Erfahrung als Programm speichern und dieses Programm später immer wieder abspulen. Es ist ein unbewusster Vorgang, was die Sache entsprechend verschlimmert. Würde dieser Mensch einer Therapie folgen, wäre der erste und wichtigste Schritt des Therapeuten, seinem Klienten bewusst zu machen, dass es ein solches Programm überhaupt gibt. Denn erst dann könnte es gelöscht, bzw. durch ein Positivprogramm ersetzt werden.

Eine Frau erzählte einmal folgende Geschichte:

Sie wurde als Drilling geboren. Ihre beiden Schwestern hatten jede einen angestammten Platz auf dem Schoß der Eltern; die eine saß immer auf dem Vater, die andere auf der Mutter. Für sie selbst gab es keinen Platz, weil es eben nur zwei Eltern gab, und die Eltern die beiden Schwestern ganz offensichtlich vorzogen. Das jedenfalls war, was sich im Kopf des Kindes abgespielt hatte. Erst als erwachsene Frau, als ihre Mutter einmal zu ihr sagte: »Du wolltest ja nie auf unseren Schoß kommen!«, begriff sie, dass sie selbst es gewesen war, die sich ausgeschlossen hatte. Hätte sie sich einen Platz auf einem Elternschoß ergattert, sobald ihr danach war, niemand hätte sie weggeschickt. Dann wäre eben häufiger getauscht worden oder es hätten auch mal zwei auf einem Schoß gesessen. Aber sie war eben überzeugt davon, als einzige nicht geliebt zu werden und hat sich diese Überzeugung immer wieder bestätigt, indem sie dafür sorgte, keinen Platz auf dem Schoß der Eltern zu haben.

Ein Mann (nennen wir ihn Gerd), der als Programm gespeichert hatte, dass er von allen Frauen verlassen wird, erinnerte sich im Zuge seiner Therapie an folgendes Erlebnis:

Als kleiner Kerl, vielleicht drei oder vier Jahre alt, wurde er von seiner Mutter auf den Küchentisch gesetzt, um gewaschen zu werden. Die Mutter hatte eine Schüssel mit warmem Wasser neben ihn gestellt und dann gemerkt, dass sie Waschlappen und Seife vergessen hatte. Also ging sie einen Waschlappen holen. Nun fühlte der Junge sich aber alleine gelassen und wollte seiner Mutter nachlaufen, doch er saß ja auf dem hohen Tisch und konnte nicht runter. Das empfand er, als wäre er in ein Gefängnis gesperrt. Gerd fing an zu weinen, aber seine Mutter kam nicht zurück.

Das war, was er »gespeichert« hatte. In Wahrheit blieb seine Mutter aber höchstens zwei oder drei Minuten weg, so lange es eben dauert, Waschlappen und Seife zu holen; dem kleinen Kind, das sich auf dem Tisch gefangen fühlte, erschien das jedoch wie eine Ewigkeit – eine traumatische Neurose war die Folge.

Wir machen unsere Überzeugungen wahr. Wenn wir das Programm »Ich werde nicht angenommen und geliebt« einmal gespeichert haben, werden wir uns, solange wir es nicht durchschauen, mit Menschen umgeben, die uns nicht lieben, bzw.

werden wir sie dazu animieren, uns nicht zu mögen, indem
wir uns entsprechend verhalten, oder wir werden negative
Gefühle in ihr Verhalten hineininter-
pretieren. Oder hat ein Mann, wie
in unserem Fallbeispiel, das Pro-
gramm gespeichert »Alle Frauen verlassen mich«, wird er unbewusst dafür sorgen, dass sie es tun.

Nach unserem ›inneren Programm‹ sorgen wir dafür, dass unsere Ängste wahr werden.

Der Weg aus dieser Falle führt immer über die Bewusstwer-
dung. Erst als Gerd verstanden hatte, dass sein Programm an
dieses Kindheitserlebnis gekoppelt war, konnte er seine Überzeugung nach und nach loslassen und ganz bewusst dafür
sorgen, nicht mehr verlassen zu werden: Indem er sich eine
Frau suchte, die wirklich zu ihm passte, indem er sich zutrau-
te, eine gute und langanhaltende Beziehung zu führen, und
indem er lernte, dass Kritik ihn und die Beziehung nicht grundsätzlich in Frage stellte.

Eine kleine Übung, uns selbst glücklich zu machen

Es gibt einige Übungen, mit denen wir relativ einfach zu Glück
und Gelassenheit finden können. Es sind Imaginationsübun-
gen und Übungen, die aus der NLP kommen (die Abkürzung
steht für Neurolinguistisches Programmieren), einer systemi-
schen und lösungsorientierten Kurztherapie. Viele Leute sprechen sehr gut auf solche Übungen an, und der Einsatz ist
recht gering, denn es kostet nur ein wenig Zeit.

Eine sehr einfache, aber dennoch wirkungsvolle Übung, ist das Umpolen von negativ auf positiv … .

Was dreimal gesagt ist, wird wahr

Petrus sagte zu ihm: Herr, warum kann ich dir jetzt nicht folgen? Mein Leben will ich für dich hingeben. Jesus entgegnete: Du willst für mich dein Leben hingeben? Amen, amen, das sage ich dir: Noch bevor der Hahn kräht, wirst du mich dreimal verleugnen. (Joh 13,37-38)

Nicht nur aus der Bibel, auch aus unzähligen Märchen und Mythen oder aus alten Zaubersprüchen kennen wir die dreimalige Wiederholung.

Warum gerade dreimal? Das dreimalig steht in diesem Sinne nicht so sehr für die Zahl drei als vielmehr für ein Vielfaches. Sagen wir uns etwas immer wieder, manifestiert es sich im Unterbewusstsein. Deshalb pauken wir ja auch Vokabeln, indem wir sie immer wieder vor uns hinmurmeln oder sie einige Male abschreiben. Sagen wir uns nun ständig: »Ach, das lerne ich nie!« programmieren wir uns auf »das kann ich nicht!«

Nehmen wir als Beispiel einen Vater, der seinen sensiblen, musisch begabten Sohn für schwach hält und ihm von Kindheit an immer wieder zu verstehen gibt: »Du bist ein Versager, aus dir wird nie etwas werden!« Aller Wahrscheinlichkeit nach wird der Vater Recht behalten, denn er »programmiert« das Kind entsprechend seiner Worte. Würde er ihn im Gegenteil in seinen Begabungen unterstützen und ihm Mut zusprechen, würde der Junge genug Selbstvertrauen entwickeln, um sein Leben bewältigen zu können.

Genauso wie die Negativprogrammierung funktioniert auch das Positivprogrammieren. Statt uns immer wieder einzureden: »Ich kann das nicht!« – »Das Pech verfolgt mich!« – »Niemand liebt mich!« sollten wir uns eine Positivformel suchen, die uns bestärkt.

Die Positivformel für die Frau mit ihren Drillingsschwestern könnte zum Beispiel lauten: Es gibt einen Platz für mich, ich muss ihn nur nehmen.

Gerds Positivformel könnte heißen: Ich bin liebenswert, und ich bin selbst verantwortlich für das Gelingen meiner Beziehung.

Die Positivformel für den unglücklichen Hirten könnte sein: Auch für mich ist genug vorhanden – ich muss es nur nehmen.

Wenn Sie also eine Negativformel entdeckt haben, die sich in Ihr Leben eingeschlichen hat (z. B.: Niemand liebt mich), sollten Sie sie durch eine Positivformel ersetzen (z. B.: Ich bin liebenswert) und sich diese neue Formel eine Weile lang dreimal abends beim Einschlafen, dreimal morgens beim Aufwachen und tagsüber sooft es die Situation erfordert (immer wenn Sie sich ungeliebt fühlen) vorsagen. Es ist nicht so wichtig, ob Sie Ihre Formel laut oder im Gedanken sprechen, aber es sollte im festen Ton der Überzeugung sein.

In Bewegung bleiben

Ich habe in meinem Leben die Erfahrung gemacht: Solange
man in Bewegung bleibt, kann nichts wirklich schlecht oder
falsch sein, und dann kommt es so wie es kommt am Ende
doch noch gut. Nur wenn Angst, Zweifel und Mutlosigkeit
vorherrschen und uns erstarren lassen, geht auch das Glück
verloren.

VOM FELSENADLER,
DER VERSUCHTE,
EINE BLAUFUSSENTE ZU WERDEN

Es war einmal ein kleiner Felsenadler, vor wenigen Tagen
erst ausgeschlüpft, der fiel aus dem Nest. Das hätte
nun seinen sicheren Tod bedeutet, wenn sich das Nest
nicht zufällig an einem Steilhang neben einem Bergsee
befunden hätte und der Kleine nicht zufällig genau vor
die Füße einer Blaufußente gefallen wäre, die, wiederum
zufällig, gerade drei ihrer fünf Jungen verloren hatte. So
watschelte sie von Tränen durchnässten Auges und blei-
schweren Herzens Richtung See, als es plötzlich rumste
und vor ihr ein süßes, weißes, watteweiches Etwas auf
den Boden fiel, das recht jämmerlich nach Hilfe piepste.
»Ja, wer bist du denn?« fragte die Blaufußente und

wischte sich mit dem Flügel die Tränen aus den Augen, und das Kleine antwortete: »Meine Ma und mein Pa nennen mich Oskar.«

»Und wo wohnen deine Eltern?«

»Ganz dort droben! Ich bin aus dem Nest gefallen, als gerade keiner zu Hause war. Kannst du mich nicht bitte wieder hinauffliegen?«

»Dich wieder hinauffliegen? Aber hör mal, das ist unmöglich! Erstens kann ich nicht so gut fliegen, und zweitens, wenn mich deine Eltern dabei erwischen, bin ich des Todes, denn für die bin ich doch eine prima Beute!«

»Ach was, die mögen dich ganz bestimmt nicht fressen«, beteuerte Oskar, der kleine Felsenadler, »denn meine Eltern brachten mir immer nur totes Fleisch von ihren Beuteflügen mit, und du lebst doch noch!«

»Hast du eine Ahnung«, sagte die Blaufußente und seufzte, und dann schüttelte sie entschieden den Kopf. »Ich kann dich unmöglich zurückfliegen. Aber wenn du willst ...«, sie zögerte und sah ihre beiden verbliebenen Kinder an, »... wenn du willst, dann kannst du mit zu uns nach Hause kommen, und ich werde dir eine liebevolle und fürsorgliche Mutter sein.«

Das hätte sie besser nicht gesagt, denn der kleine Felsenadler fraß so viele Würmer und Fische, dass die arme Blaufußente keine freie Minute mehr hatte. Bald hing ihr das Gefieder ungepflegt vom Körper, war sie vor Müdigkeit und Erschöpfung ganz schlapp, und zudem wuchs Oskar auch noch so schnell, dass das Nest für sie alle schon in wenigen Tagen zu klein war und sie nebenan ein neues ganz für ihn alleine bauen musste.

Die anderen Blaufußenten beobachteten das alles mit sehr viel Skepsis und beriefen schließlich eine Krisensitzung ein. »Dieser Oskar ist ein Felsenadler und somit eine Gefahr für uns alle«, sagte ein alter, verknöcherter Erpel. »Wenn er erst erwachsen ist, frisst er uns auf!« Aber einer von den jüngeren meinte: »Ich könnte mir vorstellen, dass es gar nicht so schlecht ist, einen Felsenadler in der Familie zu haben, denn wenn uns andere aus seiner Sippe angreifen, dann greift er vielleicht ein und vertreibt die Feinde. Schließlich ist er bei uns aufgewachsen, und sogar ein Felsenadler kennt so etwas wie Dankbarkeit und Treue.«

Das hörte sich an sich vernünftig an, und so wurde abgestimmt und mit knapper Mehrheit beschlossen, dass Oskar bleiben durfte.

Oskar wuchs heran und versuchte nach bestem Wissen und Gewissen eine Blaufußente zu werden. Aber wie sehr er sich auch abmühte, er lernte einfach nicht zu schwimmen und zu tauchen schon gleich gar nicht. Um ehrlich zu sein, er hasste das Wasser sogar, und die Weite des Himmels dort droben über ihm, zog ihn viel mehr an. Aber er wollte seiner lieben Mutter keine Schande bereiten, also mühte er sich weiterhin mit dem Schwimmen ab.

Eines Tages kreiste weit über ihm ein anderer Felsenadler, der vielleicht sogar sein leiblicher Vater war und beo-

bachtete Oskars Tun mit Entsetzen. Zuerst dachte er, er wäre einer Sinnestäuschung erlegen, aber so oft er sich auch mit seinem gekrümmten Schnabel in die Brust pickte, um aus diesem bösen Traum zu erwachen, es half nichts. Er sah, was er sah: dieser junge Felsenadler dort drunten, versuchte doch tatsächlich zu schwimmen! Und während sich der dort droben noch kopfschüttelnd wunderte, gab Oskar seine Schwimmübungen für dieses Mal auf. Ach, es hatte ja doch keinen Sinn, und außerdem war er schrecklich müde. Er flog auf einen Felsvorsprung, der drei oder vier Meter über dem Boden war – höher hinauf durfte er nicht, das hatte ihm seine Mutter, die alte Blaufußente, verboten, weil sie es für viel zu gefährlich hielt – und ruhte sich von der fruchtlosen Plackerei aus.

Da landete plötzlich einer neben ihm, der ein braungraues Gefieder, einen rundgebogenen spitzen Schnabel hatte, und auch ansonsten ziemlich gefährlich aussah. »Hey du«, pfiff der ihn an, »was glaubst du eigentlich, was du bist? Eine verdammte Blaufußente vielleicht, oder was?«

»Natürlich bin ich eine Blaufußente«, antwortete Oskar und deutete zum Beweis mit einem Flügel nach unten. »Dort schwimmt meine Mutter mit meinen beiden Geschwistern auf dem See, siehst du.«

Der Felsenadler schnappte nach Luft. »Himmel«, schimpfte er los, »du bist keine Blaufußente, du bist ein Felsenadler – ein ziemlich blöder zwar, aber immerhin!

Und es ist eine Schande für unser ganzes Geschlecht, wie du dich hier aufführst! Lernt schwimmen, wie eine verdammte Blaufußente!« Der Vogel war richtig wütend, und es sah furchterregend aus, wie er da so krächzte und wild mit den Flügeln um sich schlug.

»Ach, was weißt du denn schon«, sagte Oskar und seufzte aus tiefstem Herzen. »Ich bin im Nest einer Blaufußente aufgewachsen, und ich weiß genau, dass eine Blaufußente niemals einen Felsenadler legen kann. Das geht einfach nicht. Also *muss* ich eine Blaufußente sein. Außerdem werde ich nächste Woche heiraten. Die schönste Blaufußente vom ganzen See. Das heißt ... natürlich nur, wenn ich bis dahin schwimmen kann.«

»O nein!«, rief da der Felsenadler, schüttelte mehrmals seinen Kopf und flog davon. Diesem Dummian war ja eh nicht mehr zu helfen, der gehörte in die Klapsmühle und zwar auf der Stelle.

Aber der Floh, den der Felsenadler dem armen Oskar ins Ohr gesetzt hatte, tat seine Wirkung. Nach dem Abendgebet, das die alte Blaufußente sprach, fragte Oskar: »Du sag mal, Mama, bin ich nun wirklich eine Blaufußente oder bin ich vielleicht doch ein Felsenadler?«

»Wie kommst du denn darauf, Junge?«, fragte die Blaufußente sichtlich beunruhigt.

Oskar erzählte es ihr, und da fing die alte Blaufußente plötzlich zu weinen an. »Ach Junge«, schluchzte sie, es ist ja alles so schrecklich.« Und dann erzählte sie ihm,

wie er damals vor ihre Füße fiel und sie ihn adoptierte und unter allergrößten Mühen großzog.

Oskar war gerührt und nahm die Blaufußente in die Schwingen. Die brave Mutter hatte ihm das Leben gerettet, hatte ihm ein extragroßes Nest gebaut und sich für ihn ein Leben lang abgeplagt. Und dafür war er ihr von Herzen dankbar. Und weil er ihr so dankbar war, versuchte er es gleich am nächsten Morgen wieder mit dem Schwimmen. Er würde es, er *musste* es einfach schaffen!

Oskar lernte es tatsächlich. Er wurde ein leidlicher Schwimmer, aber Tauchen konnte er nie. Er hat auch die schönste Blaufußente vom ganzen See geheiratet, obwohl ihr Vater dagegen war, dass ausgerechnet seine Tochter, die schönste Blaufußente vom See, mit so was von einem Versager vermählt werden sollte, aber weil die Kleine damit gedroht hatte, sich zu ertränken, willigte er schließlich in diese unglückselige Verbindung ein.

Die Ehe blieb kinderlos und Oskar ein trauriger Vogel. Am traurigsten war er immer dann, wenn er hoch über sich einen Felsenadler kreisen sah und ihn im Stillen darum beneidete, während er selbst lustlos und unbeholfen auf dem Wasser herumpaddelte.

Im siebzehnten Jahr seines Lebens – das entspricht ungefähr dem vierzigsten Menschenjahr – verschwand Oskar dann plötzlich und ward nie mehr gesehen. Ob er gestorben war oder einfach nur durchgebrannt, um endlich sein wahres Ich zu leben, wusste man nicht. Er wurde zwar einige Tage lang gesucht, aber niemals gefunden.

Einige Wochen später kreiste einmal ein Vogel von Oskars Statur am Himmel. Er zog gewagte Achten, flog
einige Loopings und einmal sogar so gut wie auf dem
Rücken, und dabei kreischte er vor Vergnügen. Oskars
Frau, die zur selben Zeit auf dem See schwamm, glaubte,
in dem Kreischen seine Stimme erkannt zu haben, aber
beweisen ließ sich das natürlich nie.

Aber wenn wir auch nicht wissen, welches Ende Oskars
Geschichte fand, so hoffen wir doch für ihn, es war das
bestmögliche Ende für einen Vogel, der so verzweifelt
schwimmen lernte, obwohl er doch zum Fliegen gemacht
war.

Angeline Bauer

Das Glück besteht nicht darin,
dass du tun kannst, was du willst,
sondern darin, dass du auch immer
willst, was du tust.

Leo Tolstoi

NACHWORT

Als ich an diesem Buch arbeitete, besuchte mich eine Bekannte, und sie fragte mich, was ich gerade schreibe.

»Ein Buch über das Glück und wie man es für sich finden kann«, sagte ich.

Sie sah mich zweifelnd an. »Ja aber … wenn du über das Glück schreibst und wie man es finden kann, dann heißt das doch, du weißt alles darüber, und folglich musst du auch immer glücklich sein.«

Aber nein, ich bin keineswegs immer glücklich! Es gibt Tage, es gibt manchmal sogar Wochen, in denen ich mich vom Glück verlassen fühle oder um mein Glück kämpfen muss. Zu anderen Zeiten fällt es mir wieder zu, einfach so, als wolle es sich dafür entschuldigen, dass es mich so ›stiefmütterlich‹ behandelt hat.

Hatte ich also das Recht, dieses Buch zu schreiben, oder war es vermessen und anmaßend?

In dieser Nacht lag ich lange wach, und alles Mögliche ging mir durch den Kopf. Ein Gedicht von Erich Kästner, ein Lied von Jaques Brel, die Geschichte von Adam und Eva, die im Paradies lebten und es verlassen mussten, weil ihre Neugierde stärker war als das Bedürfnis nach ewig währendem Glück ...

Auch eine Kindergeschichte von Janosch mit dem Titel »O wie schön ist Panama« fiel mir ein: Der kleine Bär und der kleine Tiger finden eines Tages eine alte Bananenkiste, auf der Panama steht. Von da an haben sie nur noch den einen Traum – sie wollen das Land Panama finden, denn dort muss es wunderschön sein! Sie lassen ihr Haus und ihr kleines Glück hinter sich und ziehen los, müssen einige Abenteuer bestehen, kommen nach langer, langer Reise tatsächlich nach Panama und sind endlich glücklich! Dabei bemerken sie gar nicht, dass Panama das Land ist, in dem sie auch vorher schon gelebt hatten. Sie wussten nur nicht, dass es Panama war.

So sind wir alle Reisende nach Panama und auf der Suche nach dem Glück, das immer zum Greifen nah ist, nur manchmal erkennen wir es nicht.

Ich hoffe, mein Buch kann Mut machen für die dunklen und glücklosen Tage, die keinem von uns erspart bleiben. Und vergessen Sie nicht: In der Mitte der Nacht beginnt schon der nächste Tag!

In diesem Sinne wünsche ich all meinen Leserinnen und Lesern eine gute Zeit und viel Glück!

ANHANG

Quellen

Hans im Glück, nachzulesen in: Deutsche Märchen, gesammelt durch die
Brüder Grimm, herausgegeben bei Wilhelm Langewiesche-Brandt,
Ebenhausen bei München, 1911.

Der Jäger im Glück, nachzulesen in: Japanische Volksmärchen, Eugen Died-
richs Verlag, Düsseldorf-Köln, 1962.

Das Glückskind und das Unglückskind, ein Chinesisches Volksmärchen, in
einer Bearbeitung der Autorin, im Original nachzulesen bei Eugen
Diederichs Verlag, Düsseldorf-Köln, 1958.

Prinzessin Unglücklich, ein Sizilianisches Volksmärchen, frei nacherzählt
durch die Autorin.

Die drei Gaben, in einer Bearbeitung der Autorin, im Original nachzulesen in: Deutsches Märchenbuch, Ludwig Bechstein, 1845.

Die glückliche Familie, an den heutigen Sprachgebrauch angepasst durch
die Autorin, im Original nachzulesen in: Andersens Märchen, Gelber
Verlag, Dachau bei München, 1925.

Hans und Herr Kluck, ein Deutsches Volksmärchen, frei nacherzählt durch
die Autorin.

Goldener, nachzulesen in: Deutsches Märchenbuch, Ludwig Bechstein,
1845.

Die Geschichte vom tölpelhaften Mann, ein Portugiesisches Volksmärchen,
nachzulesen in: Die schönsten Märchen aus aller Welt, Pabel-Moewig
Verlag, Rastatt, 1995.

Der unglückliche Hirte, ein Afrikanisches Märchen, in einer Bearbeitung der Autorin, im Original nachzulesen in: Der unglückliche Hirte, Eugen Diederichs Verlag, München.

Vom Felsenadler, der versuchte, eine Blaufußente zu werden, Angeline Bauer, Erstveröffentlichung.

Weitere Märchen zum Thema

– Der Teufel mit den drei goldenen Haaren – Grimms Märchen, verschiedene Verlage

– Das Mädchen ohne Hände – Grimms Märchen, verschiedene Verlage

– Die Nixe im Teich – Grimms Märchen, verschiedene Verlage

– Das Wasser des Lebens – Grimms Märchen, verschiedene Verlage

– Die Galoschen des Glücks – Märchen von Hans Christian Andersen, verschiedene Verlage

– Zwei alte Frauen – Eine Legende von Verrat und Tapferkeit, u. a. im Heyne-Verlag, München.

– Der kleine Prinz – Antoine de Saint-Exupéry, Karl Rauch Verlag, Düsseldorf

Literatur

Bettelheim, Bruno: Kinder brauchen Märchen. München 1980.

Betz, Felicitas: Märchen als Schlüssel zur Welt. Lahr 2001.

von Bonin, Felix: Kleines Handlexikon der Märchensymbolik. Was Menschen bewegt. Stuttgart 2001.

Fritz, Klaus: Ein Sternenmantel voll Vertrauen. Märchenhafte Lösungen für alltägliche Probleme. München 1998; ein Buch, das sehr gut geeignet ist, um Kinder mit Übungen der NLP vertraut zu machen.

Johnson, Robert A: Traumvorstellung Liebe. München 1987.

Knoch, Linde: Praxisbuch Märchen. Verstehen – Deuten – Umsetzen. Gütersloh 2001.

Lurker, Manfred: Wörterbuch der Symbolik. Stuttgart 1991.

Marden, Orison Swett: Streu Blüten während du gehst. Zürich 1998. Außerdem sind im Oesch-Verlag andere Bücher des Autors, der 1850 in Thornton – New Hampshire geboren wurde, Gründer und Herausgeber der Zeitschrift *Success* war und zahlreiche Bücher schrieb, die zu Welterfolgen wurden, erschienen.

Norwood, Robin: Wenn Frauen zu sehr lieben. Die heimliche Sucht gebraucht zu werden. Reinbek 1990.

Schieder, Brigitta: Märchen. Nahrung für die Kinderseele. Gütersloh 1996.

de Shazer, Steve: Wege der erfolgreichen Kurztherapie. Stuttgart 1999.

Walker, Barbara G.: Das geheime Wissen der Frauen. Ein Lexikon. München 1995.

Weiss, Thomas und Haertel-Weiss, Gabriele: Familientherapie ohne Familie. Kurztherapie mit Einzelpatienten. München, 2000.